시베리안 허스키와 365일

마야와 계절 산책

시베리안 허스키와 365일

마야와 계절 산책

— ZZING 지음 —

글을 시작하며

동네 무속인 하나가 개를 학대했다. 방치 끝에 여러 마리가 죽고 말았지만, 그는 태연했다. 어느 날, 근처 아주머니 한 분이 앞장서며 '구출 작전'이 시작되었다. 그 길로 엄마를 비롯한 여러 이웃이 힘을 합쳐 무속인을 설득하러 떠났다.

오랜 입씨름 끝에 개 한 마리를 구출해냈다. 털이 새하얀 강아지였다. 하지만 구조 후, 마땅히 갈 곳이 정해지지 않아 곤란했다. 이대로라면 구조가 무색하게 보호소를 전전할 운명이었다. 그래서 강아지는 우리 집에 오게 되었다.

우리 가족은 예고 없이 찾아온 새 식구를 맞이할 준비가 전혀 되어있지 않았다. 발치를 기웃거리는 낯선 생명체를 품으며 시간과 마음을 쏟아줄만한 여유도 없었다. 새로운 입양처를 알아보게 된 것은 당연한 수순이었다. 당시의 우리 가족은 개를 책임질 수 없는 가정이었다. 결국, 하얀 강아지는 좋은 곳으로 새로이 입양을 가게 되었다. 잠시 머물다 간 것뿐인데도, 작은 강아지의 부재로 집 안엔 큰 구멍이 생긴 느낌이었다. 생명을 책임진다는 것은 무거운 책임감을 필요로 할 뿐더러, 집 안에 개가 있다는 건 묵직한 존재감을 남긴다는 것을 실감했다.

이 일을 계기로, 나는 자연스럽게 '책임질 수 없다면 시작도 하지 말아야 한다'는 것을 머릿속에 늘 떠올렸다. 개를 비롯한 여러 동물들을 사랑하면서도, 내 인생에 함께할 수 있다는 선택지는 지우게 됐다. '반려견'은 그렇게 내 인생에서 배제되었다. 하지만 강한 부정은 강한 긍정이라고 했던가…….

'나는 개를 키워서는 안 돼'라는 생각을 하고 있으면서도, 개와 관련한 콘텐츠를 보는 것이 삶의 낙인 날들이 이어졌다. 개가 인간과 감정을 교류하며 서로 행복해하는 모습은 실로 대단해 보였고, 꾸준히 나를 이끄는 로망이 되어 버렸다. 그만큼 개를 좋아하고 있었다.

그 사실을 자각한 것은, 우연히 보게 된 개에 대한 교육 방송 때문이었다. 밥 먹을 때 느껴지는 적막함이 싫어서 TV를 틀었을 뿐인데, 방송 내용을 보며 점점 지난 과오가 떠올랐다. 그렇게 그 프로그램에 빠져들게 되었다. 내 일상 중 하나가 될 정도로 방송을 열심히 챙겨 보았다. 개와 사는 여러 사람들의 모습을 보며 이상과 현실을 구분하게 되고, 다시금 현실을 직시하게 되었다. 그렇지만 차츰 개를 키우는 현실적인 모습마저 좋아 보이는 지경까지 이르게 되었다. 개는 알면 알수록 알고 싶어지는 동물이었다. 여전히 '나는 과연 개를 잘 돌볼 수 있을까?' 하는 생각이 있었지만, 함께하고 싶은 마음이 더 커지고 말았다.

결국, 나는 지금 개와 함께 살고 있다.

일러두기
본 도서의 사진은 모두 안전을 위해 산책줄(리드줄)을 착용 후, 후보정한 사진입니다.

Siberian Husky

Contents

글을 시작하며 *4*

의자와 한 몸 *16*

개와 살기로 했다 *20*

왜 큰 개였을까? *24*

혼자서 기르는 게 아니다 *28*

나만 아는 특별한 차이점 *32*

에이트 빌로우 마야 *37*

마야 맞이 *39*

집에 온 순간부터 *42*

첫 산책 *46*

나의 SNS 복귀 이야기 *52*

마야의 첫 계절은 *56*

온종일 함께하는 보호자 *60*

이부자리 도둑 *63*

집 안 산책 *66*

이빨이 간지러워 *68*

가릴 줄 아는 마야 *72*

먹성 좋은 강아지 *76*

동네의 작은 스타 *81*

원숭이 시기 *88*

짧고 굵게 지나간 개춘기 *92*

첫 반려견 운동장 *95*

첫 친구 *100*

터프한 마야 *104*

이른 겨울과 첫눈 *107*

달리고 달린다 *112*

짖어! *115*

제가 언제 그랬나요? *119*

새 털 나기 *120*

멋있는 작은 늑대 *123*

오드아이 *126*

따듯함을 맞이한 봄 *130*

살이 통통 *136*

자기관리하는 마야 140

사람에게 맞춰간다 144

계단 오르기 149

잘생긴 마야 152

집에 가기 싫어요 156

봄비를 맞으며 159

우리 집 막내 162

개가 풀 뜯어 먹는 소리 166

첫 더위 168

여름 대비 172

입맛 떨어지는 계절 176

애견카페에 가다 177

시원한 분수대 180

첫 털갈이가 왔다 186

다시 돌아온 마야의 계절 192

찾아온 변화 198

마야의 짝사랑 202

대답은 잘해요 206

다채롭게 214

로우앵글에 맛 들이다 218

우유껌 사건 222
마야의 카밍시그널 228
새로 생긴 작은 친구들 232
치와와 탄이 236
계절이 주는 선물 240
보이는 게 다가 아니다 244
나무꾼 마야 250
아직 경험하지 못한 것 254
비가 오는 날엔 268
더 귀여워지기 273
한국 같지 않은 곳 280
끝이 없는 모험 288
여름, 물놀이 296
친해지고 싶지 않아 310
좋아한다는 의미 313
벌써 세 살 325
다 안다고 생각했는데 332
너로 인해 342
기억을 남기는 방법 352

글을 마치며 360

의자와 한 몸

"너 지금 빼빼 마른 골룸 같아."
어느 날 친구가 이렇게 말했다.

청춘이라 일컬어지는 20대 초반부터 제일 가깝게 지낸 친구다. 무려 10년여를 함께했으므로 그 말을 하기 전에 얼마나 오래 망설였는지 굳이 듣지 않아도 알 수 있었다. 직설적으로 말하지 않는 상대조차 내 상태를 대놓고 우려하던 시기였다. 웹툰 작가로 막 데뷔한 나는, 그 당시 육체적으로나 정신적으로나 무척 힘들었다. 사람의 몰골을 유지하는 일이 몹시도 피로했다.

고대하던 웹툰 작가가 되면서부터 내 일상은 완전히 뒤바뀌었다. 취미로 게임을 즐겼기에 책상 앞에 머무는 일이 익숙하리라 생각했지만, '노동'을 하는 일은 전혀 달랐다. 책상에서만 온종일 시간을 보내는 때가 많아졌고, 지쳐도 그 앞을 떠날 수가 없었다. 마감에 대한 강박과 부담으로 밥을 먹는 것조차 종종 생략하게 됐다. 외출도 잘 하지 않게 됐다. 햇볕을 쬐지 않으면서 책상 앞에 종일 앉아 시간을 보내는 게 당연해졌다. 그렇게 영양 결핍이 왔고 자연히 몸에 이상이 왔다. 머리카락이 숭덩숭덩 빠져나가기 시작했다. 그 무렵의 나는 20대의 푸릇한 청춘이 무색하리만치 안쓰러운 모양새였다.

체력적인 부분은 물론, 정신적인 문제도 내게 큰 영향을 끼쳤다. 만화에 달린 악플, SNS를 통한 저격이나 근거 없는 소문이 끝없이 나를 뒤따라 다녔다. '웹툰 작가'를 직업으로 선택한 것뿐인데, 다른 직업군에 속해 있었더라면 전혀 겪지 않았을 고통을 지속적으로 느꼈다. 이 모든 일들은 나를 무기력하게 만들었다.

작가가 되고 겪은 여러 일로, 나는 전보다 평판을 신경 쓰며 기민하게 사람들의 눈치를 봤다. 애를 쓰며 미움 받지 않으려고 했다. 차츰 침묵을 대화의 수단으로 쓰게 되었다. 누군가는 '악플'도 관심이라며 화제에 오르는 일을 기꺼이 즐기라고 하지만, 나는 도무지 그럴 수가 없었다. 부당한 욕설이나 평가, 터무니없는 소문들은 나를 갉아먹었다. 직업에 대한 열정, 흥미도 시들해졌다. 일을 즐기기 어려운 날들이 계속되었다. 그렇게 아무런 의욕 없이 지내며 몸을 망가뜨리고, 스스로를 영화 속 '골룸'처럼 고립시키며 슬픔으로 매일을 가득 채웠다. 점차 가족과 지인이 내 상태를 알아차리고 걱정하기 시작했다.

"하루 한 번 가벼운 산책을 해보는 건 어때?"

하지만 20년 넘게 책상 앞에 딱 붙어 그림만 그려온 사람에게는 일상적인 산책조차 자발적으로 하기가 무척 버거운 일이었다. 학창 시절 체육 시간처럼 강제로, 나를 바깥으로 끌어내줄 무언가가 절실하게 필요했다.

마야는 의자에만 앉아 있는 내 발치에서 잠을 청하는 경우가 많다.

개와 살기로 했다

누군가는 일어나기 위해 기상 알람을 맞춘 핸드폰을 이부자리에서 멀찍이 떨어트려 두기도 하고, 알람을 끄기 어렵도록 설정해놓기도 한다. 나 역시 누군가의 기상 알람처럼 외출을 하게 만드는 강제적인 이유가 필요했다. 그리고 우연히 어떤 방송 프로그램을 보면서 찾게 되었다. 내 삶을 뒤바꾸게 될 '무언가'를.

문제 행동을 일삼는 개의 행동을 이해하고, 사람과 개가 공존하기 위하여 올바른 방향을 제시하는 내용의 방송이었다. 더불어 이러한 말썽을 피우는 개는 사람을 괴롭히려고 일부러 그러는 것이 아니라, 사람들이 개와 개의 습성을 이해하지 못한 데에서 비롯되었다는 이야기였다.

개를 키울 생각이 없더라도 보다 보면 알찬 내용들이었다. 그 방송의 내용이 지속적으로 인터넷 커뮤니티 사이에서 화제가 되었고, 여러 미디어에서 반려견에 대한 정보를 노출했다. 예전과 달리, 개에 대한 많은 내용을 일상적으로 쉽게 접할 수 있게 되었다.

바른 반려문화를 가지려는 사람들이 점차 많아지기도 했다. 방송이 인기를 끌면서 배경지식 없이 무작정 개를 기르면 안 된다는 인식이 보편화됐기 때문이었다. 특히, 바깥에서 짧은 목줄을 걸어 묶어 키우는 것보다는, 산책을 하되 집 안에서 함께 살아가는 형태가 반려견에게 더욱 낫다는 것을 정설로 받아들이게 되었다. 때문에 '마당 개'를 둘러싼 인식 간의 갈등이 일어나기도 했다. 그만큼 반려견 문화는 미디어를 중심으로 삶에 껑충 뛰어 들어왔다. 나 또한 자연스럽게 여태껏 잘 몰랐던 반려견 '산책'에 대한 이슈에 눈길이 갔다.

산책! 바로 지금의 내게 아주 절실한 일상의 운동이었다. 개를 기를 때에 가장 중요하게 여겨지는 산책. 운동과 담을 쌓고 지낸 나에게, '자신을 위한' 운동은 몹시도 부담스러웠다. 하지만 '개를 위한' 책임감으로 하는 산책이라면 어쩐지 해낼 수 있을 것 같았다. 더욱이 재택근무를 한다는 것이 함께 살게 될 개와 교감하기에 아주 커다란 장점처럼 여겨졌다. 그토록 괴로웠던 날들이 무색하게, '웹툰 작가라서 다행이야'라는 생각이 들 정도였다. 그렇게 개와 함께 살아야겠다, 고 마음먹게 됐다.

왜 큰 개였을까?

개와 살기로 마음먹고 나서 몇 달간 준비를 거치다 견종 크기에 대해 알아보기 시작했다. 원래 중대형견을 좋아해서 소형견은 고려해본 적이 없었다. 한국 가정에서는 흔히들 작은 개를 기르다 보니 소형견과 자주 접하게 되는데, 이때 안 좋은 기억이 있었던 탓도 있던 것 같다.

보통 중대형견을 집에서 기르려면 아주 넓은 마당이 있어야만 한다지만, 개인적으로는 중대형견도 소형견과 마찬가지로 집 크기와 상관없이 견주와 함께 생활하는 게 더 중요하다고 생각한다. 또한 집 안을 활동하는 곳이 아닌 쉬는 곳으로 정하고 밖에서 활동량을 충분히 채워준다면, 안락하고 잠들 수 있고 안전하게 밥 먹을 수 있는 공간으로써 우리 집도 충분하다고 생각했다.

또 대형견이라고 해서 다 큰 것은 아니다. 어떤 개는 정말 매우 커서 마치 곰 같은 아이도 있고, 어떤 개는 대형견 중에서도 작은 축에 속하여 중형견이 아닐까 싶은 생각이 드는 아이도 있다. 마야는 부모견 둘 다 그다지 크지 않은 몸집이어서 그런지 몰라도 다 큰 지금도 아직 아기냐는 소릴 듣는다. 마야는 그냥 좀 작은 사람 한 명과 사는 기분이 드는 크기다. 우리 집은 다행스럽게도 혼자 살기엔 넓고 둘이 살면 적당한 곳이어서, 마야와 함께 지내면서 공간에 대한 불편함은 전혀 느끼지 않는다.

그래서 내가 우선시했던 것은 견종의 크기보다는 처음 개를 기르는 것인 만큼 공격성이 많거나 예민한 아이들을 되도록 피하고 싶다는 것이었다. 그런 경우는 개 자체보다는 보호자의 문제인 쪽이 많단 걸 알게 된 건 개를 기르고 난 후였다. 그전엔 개의 공격성과 예민함에 관해 피해를 봤다는 이야기가 바로 내 미래가 될 것 같았고, 그렇게 살피다가 '나 같은 초보 보호자가 감당할 수 있을까?'라는 걱정이 앞서게 되어 기르는 것을 포기한 개도 있다.

물론 개들마다 성격이 다르기 때문에, 어떤 개가 누군가에겐 함께하기 까다로운 아이일 수도 있지만 다른 누군가에겐 죽마고우처럼 잘 맞는 반려견이 되기도 한다. 지금의 마야의 성격은 나를 닮아 알기 쉽고 단순하다고 나는 생각하는데, 다른 사람들은 개인데도 불구하고 개답지 않다는 이야기를 하곤 한다.

틀린 말은 아니다. 아마 일반적으로 개에게 기대하는 부분이 허스키인 마야에게 없기에 그런 말을 하는 게 아닌가 싶다. '개'라고 하면 흔히 떠오르는 이미지인, 한 주인만 섬긴다거나 자신의 가족만 바라보며 지켜준다는 말은 마야의 견종인 허스키에게는 맞지 않는다. 오히려 사람이면 다 좋아하여 도둑도 맞이해준다는 말이 있을 정도다. 충성심을 기대하고 허스키를 키운다면 실망스러울지도 모른다. 물론 개마다 차이는 있을 수 있다.

개를 기르는 데 견종은 그리 중요하지 않지만, 미리 알아두어 그 성격을 파악하고 기른다면 알 수 없는 개의 행동들도 조금 더 이해하기 쉬워진다. 적어도 나에게는 그랬다. 누군가는 단점이라 말하는, 사람을 좋아하는 허스키의 성격이 오히려 사회성 교육을 할 때는 도움이 될 거라 생각하며 장점으로 바꿔 생각했다. 경비견으로 어렵다는 점이 현대의 도심에서 살기엔 오히려 더 적합하다고 판단한 것이다. 또 다소 고집스럽다는 것도 나와 비슷하니 잘 맞을 거라 생각했다.

그래서 나는 마야와 살기로 했다. 지금 생각해보면 알아본 만큼 더 잘 키울 수 있다는 자만감에 빠져버린 것도 한몫한 것 같다(물론 같은 견종이라 해서 모두 그런 것은 아니지만 다행히 마야는 그 특성에 다 해당됐다).

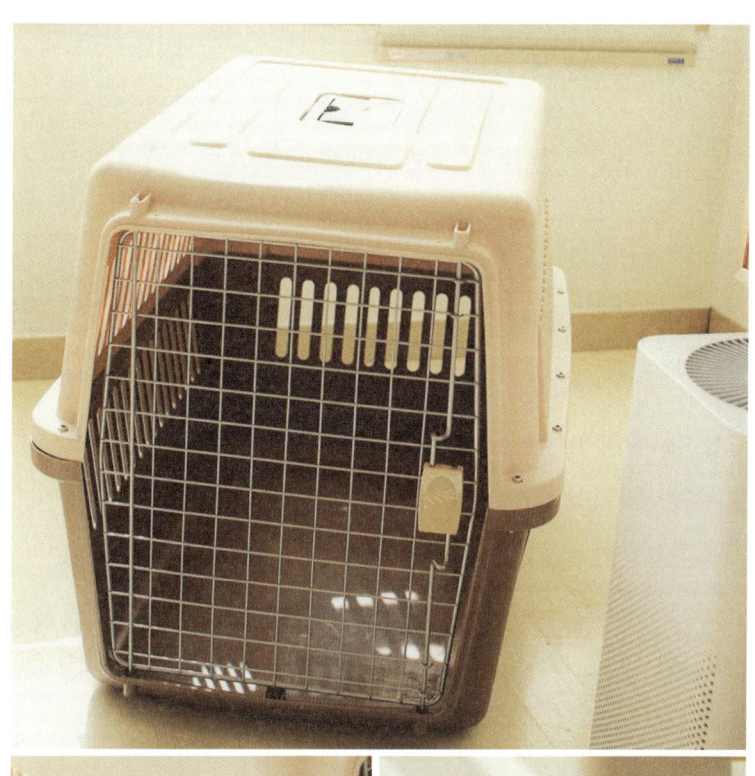

허스키를 데려오기로 마음먹고 사게 된 450사이즈 켄넬.

혼자서 기르는 게 아니다

보통 '개와 함께 살고 싶다'고 하면 극심한 가족의 반대를 경험한다고 한다. 내 경우, 독립을 한 덕분에 반드시 부모님의 허락을 받을 필요는 없었다. 집 안에서 아주 민주적인 절차를 거친대도, 내 의견이 곧 '하우스룰'이기 때문이다. 우리 집에서 개 키우기 찬성하는 사람? 저요. 반대하는 사람? ……. 이의 없으면 반려견을 데려오도록 하겠습니다. 땅땅.

하지만 나는 부모님, 가까운 친구들, 애인의 동의를 모두 받기로 했다. 오롯이 '혼자' 기를 수 없다고 생각했기 때문이다. 나 스스로 반려견에 대해 책임을 지고 도맡아 키우는 것은 당연하지만, 사람의 일이란 어떻게 될지 알 수 없으니까.

내가 위급한 상황에 처하거나 혹은 부득이한 사정으로 부재하게 될 경우를 상상하지 않을 수 없었다. 혼자서 씩씩하고 굳세게 키우겠다고 다짐을 해보아도, 그것만이 능사는 아니었다. 게다가 있다가도 없는 것이 돈이라고 하니, 지금 당장은 여유롭지만 금전적인 대비 또한 해두어야 했다.

단단히 마음의 준비를 하고, 우선은 부모님께 말을 꺼냈다.

"개를 키우고 싶어요."

그런데 의외로 부모님께서는 개를 기르겠노라는 딸의 의견에 크게 반대하지 않으셨다. 늘 앉아 일하며 건강과 수명을 깎아먹는 것보다는, 집 안에서 털이 날릴지언정 개와 함께 산책이라도 하라며 반가운 기색이셨다.

단지, 처음으로 함께하게 된 개가 '허스키'라는 것을 고민하셨다. 부모님뿐 아니라 주변의 지인들은 모두 그 점을 걱정했다. 체력이라고는 눈곱만큼도 없는 사람이, 그렇게 큰 개를 어떻게 감당하겠느냐는 것이었다. 기필코 함께 살고 싶다면 보다 작은 몸집을 지녔거나, 털이 덜 빠진다는 개들은 어떻겠냐는 말을 질릴 만큼 들었다.

무작정 반대하는 의견을 들을 때도 있었다. 듣기 싫을 때도 있었지만 주변인과 함께 기르기로 마음먹은 만큼, 달가워하지 않는 반응도 경청해야 했다. 개를 무서워하는 지인에겐 반려견에게 사회성 교육을 비롯한 각종 안전 교육을 시킬 것을 선언해 안심시켰다.

개의 행동과 표현 방식에 관련한 공부도 꾸준히 했다. 그만큼 나와 함께하게 될 반려견이 주변의 많은 사람들에게 큰 사랑을 받았으면 했다. 그래서 부지런히 체중을 늘렸다. 가장 건강하던 학창 시절의 몸무게를 되찾으면서, 걱정의 목소리는 차츰 사라졌다. 다들 나의 노력과 진심을 이해해준 것이었다.

마야는 나를 제외한 모든 사람을 잘 따르도록 사회성 교육에 힘써 왔다.

나만 아는 특별한 차이점

허스키의 외형과 말라뮤트의 외형은 많이들 헷갈려 할 만큼 닮았다. 마치 형제처럼 보인다. 지금도 허스키를 기른다고 하면 종종 알래스칸 말라뮤트에 대한 정보를 읊는 분이 있다. 산책할 땐 지나가는 사람이 마야더러 말라뮤트라 부르기도 한다.

전문가들 또한, 두 견종은 같은 목적의 사역견이었기에 같은 핏줄이라든가 같은 역사적 배경을 가졌다든가 하며 큰 차이가 없다고 보기도 한다. 다른 견주들의 이야기를 들어보니 비숑이나 푸들, 삽살개와 골든 두들 등도 같은 오해를 받는다고 했다. 해당 견종을 직접 기르는 보호자가 아니고선 구분하는 일이 쉽지 않고, 반드시 필요한 것도 아니기는 하다. 이렇게 말하는 나도 마야를 기르기 전 허스키에 대해 공부하다보니 말라뮤트와 허스키를 구분 지을 수 있게 된 것뿐, 이전엔 많이 헷갈리곤 했다.

말라뮤트와 마주친 마야.

 흔히들 허스키와 말라뮤트의 차이가 털 길이라고 생각하는데, 사실 허스키도 긴 털을 가지고 태어나기도 한다. 말라뮤트만 장모종이 아닌 것이다. 썰매견이라는 똑같은 역사를 지니고 있는 허스키와 말라뮤트. 그 둘은 과연 무슨 차이로 구분할 수 있을까?

다 자란 마야의 모습은 허스키 그 자체.

가장 큰 차이는 체격이다. 시베리안 허스키는 늑대 같은 인상을 주지만, 실제로는 그다지 거대한 종이 아니다. 키 46~60cm, 평균 체중은 16~23kg으로 대형견 중 체구가 작은 편에 속한다. 마야 또한 18~20kg의 체중을 유지하고 있다.

반면 알래스칸 말라뮤트는 평균적으로 키 55~70m, 몸무게는 30~50kg 정도인 대형견으로 허스키에 비하면 훨씬 크다. 그보다 더 큰 말라뮤트도 존재하는데, 이들에게는 '자이언트'라는 수식어가 붙기도 한다.

또한 눈과 털의 '색'으로도 구분이 가능하다. 말라뮤트는 눈이 호박색밖에 없는 것에 비해, 허스키는 여러 가지 눈동자 색을 가지고 태어난다. 마야처럼 오드아이인 경우도 있다! 그리고 검은색과 붉은색의 털만을 가지고 있는 말라뮤트와 달리 허스키는 털의 무늬와 색이 무척 다양하다.

에이트 빌로우 마야

허스키 보호자 중에서는 반려견에게 '마야'라는 이름을 지어준 사람들이 유독 많다. 2006년 개봉한 실화 기반 영화, 『에이트 빌로우』때문이다. 영화는 남극 탐험을 떠난 이들이 불가피한 사건으로 잘 숙련된 썰매견 8마리를 남극 기지에 두고 오며 시작된다. 생존이 불가능한 혹한의 땅에 남겨진 허스키들. 작중 우두머리 개의 이름이 '마야'였다. 사람들이 구조하러 돌아올 때까지 살아남은 영리한 개였다.

『에이트 빌로우』는 허스키를 기르는 사람이라면 한 번쯤 보는 영화이고, 나 또한 마야를 데려오기 전 이 영화를 보았다. 그리고 영화를 보며 마야의 이름을 결정하게 되었다. '마야'라는 이름을 붙여준 견주들은 아마 다 같은 마음일 것이다. 자신의 반려견도 영화 속 똑똑하고 현명한 허스키처럼 끝까지 인간과 살아가길 원하는 마음에서 같은 이름을 지었으리라. 나 또한 그런 마음이었다. 영화 속 '마야'만큼의 똑똑함은 바라지 않지만 어떤 상황에서도 잘 이겨낼 수 있는 아이가 되길 바랐다.

마야는 비록 썰매를 끌어본 적은 없지만
날 썰매처럼 끌 뻔한 적은 종종 있다.

마야 맞이

마야는 모견, 부견, 그리고 같이 태어난 하나뿐인 자매견 티나와 같이 자라왔다. 펫샵에 대한 문제를 알게 되면서부터, 자연스럽게 어미 곁에서 건강하게 최소 8주까지 사회화 시기를 잘 거치게 해줄 분양자를 찾게 되었다. 그렇게 만난 마야는 한 가족이 함께 살고 있었기 때문에, 나의 걱정을 한시름 덜 수 있었다. 유전적인 질병을 가지고 있을지도 모르는 부분 또한 모견과 부견을 통해 유추할 수 있었다.

강아지를 데려오기로 결정하고 나니 준비할 것이 많아졌다. 용품과 사료 등 필요한 물건을 꾸리는 것 외에도 반려견 교육에 대한 강의를 매일 시청했다. 정말 분주하고 치열하게 준비했다. 모두의 우려를 뒤엎고, 모범적인 보호자가 되고 싶었다. 그 과정에서 한 달 치 월급이 우스울 만큼의 큰돈이 빠져나가는 바람에, 자린고비의 정신으로 버텨야 하는 나날들이 이어지기도 했다.

그래서 인터넷으로 다양한 제품, 사료 후기를 찾아보게 되었다. 개 관련 커뮤니티에 가입하기도 했다. 특히 SNS에서는 실시간으로 좋은 정보를 접할 수 있다는 것을 알게 되어 개인 계정을 만들기까지 했다. 그러고 나니 자연스레 이 모든 걸 기억하고 기록하기 위해 장롱에 있던 카메라를 꺼내게 됐다.

모든 장비를 갖출 무렵 마야가 젖을 떼고, 이빨이 나기 시작했다. 모견이 밀어내기 시작할 때에 데려와야 한다는 수의사의 말을 따르기 위해 기다려왔던 내게는 기쁜 소식이 아닐 수 없었다. 길게 느껴졌던 몇 밤을 더 보내고 마야와 티나가 사료를 먹기 시작할 즈음 차를 타고 2시간 거리를 달려갔다

웬만한 대형견의 줄 끌림에도 버틴다는 플렉시 자동줄(마야가 오기 전부터 샀는데 아직까지 잘 쓰고 있다). A급 사료를 알아보다 성분 괜찮은 사료를 택했다. 하지만 마야는 중성화를 하기 전에는 어떤 사료도 금방 맛있게 먹어준 적이 없다….

마야는 자매인 '티나'와 함께 태어났다.

집에 온 순간부터

한없이 신기한 날들의 연속이었다. 어떻게 이런 작은 존재가 나한테 오게 되었는지. 못생겨져도 좋고 털이 많이 빠져도 괜찮으니 그저 건강하게 행복하게 자라기만을 바랐다. 그런데 우리 집에 온 작은 강아지 마야는 처음에는 몹시 아팠다. 긴장한 모습만 가득했고, 어미 개와 자매인 티나와 떨어져 있는 것이 불안한 것처럼 보였다. 풀이 죽은 모습을 보니 죄책감만 더해졌는데, 게다가 설사와 구토까지 하자 그야말로 비상사태가 되었다.

일반적인 병증은 반나절에서 하루 정도 경과를 본 후 병원에 가는 것이 좋은데, 당시의 나는 아무것도 몰랐던 탓에 병원에 들락날락하기 일쑤였다. 돌이켜보면 이 역시 마야에게 스트레스 요인이었을 것이라는 생각이 든다. 당시엔 강아지가 조금이라도 아프면 심장이 내려앉는 느낌이었다. 나 좋으려고 괜히 데려와서 고생만 시키는 것 같았다.

부랴부랴 달려간 동물병원. 의사 선생님은 다행히 마야는 건강한 아이라고 해주셨고, 시간이 지나면 차차 좋아질 증상이라고 하셨다. 마야도 언제 그랬냐는 듯 다시 발랄한 아이가 되어 활발히 움직이기 시작했다. 나는 그제야 긴장을 놓으며 마야의 발랄해진 모습에 죄책감도 사라졌다.

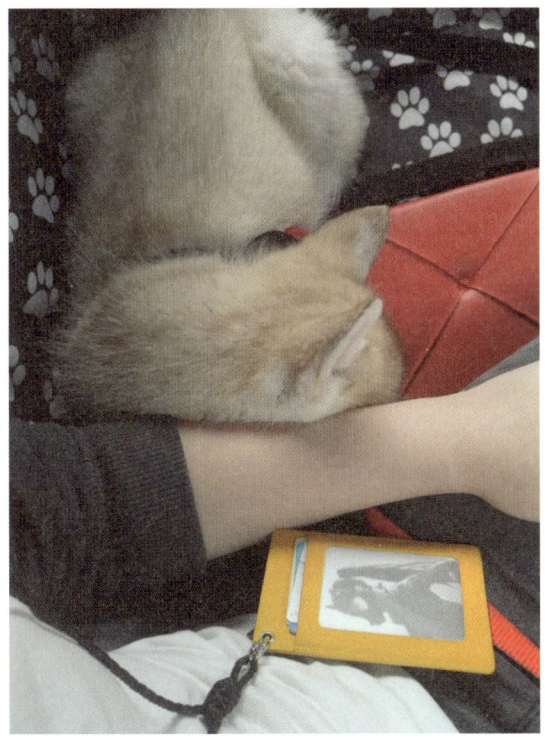

처음 타는 차에서 처음 보는 나한테 기대는 마야.

밖에서 뛰어놀다 실내에 데려오니 긴장한 마야.

손을 내미니 냄새를 맡아주었다.

첫 산책

성견이 되지 않은, 어린 강아지일 때는 산책을 삼가는 것이 안전하다고 한다. 그러나 나는 다소 위험을 감수하고 마야의 강아지 시기를 대부분 산책으로 채웠다. 도심에서 같이 살아야 한다면 오토바이나 자동차, 사람들 등등 위험 요소들에 어릴 때부터 적응하는 것이 좋겠다는 판단에서였다. 심지어 차도 잘 안 다니는 인적 드문 조용한 산동네에서 자란 마야에겐, 낯설고 새로운 환경을 긍정적으로 인식하고 익숙해질 필요가 있었다. 견생을 통틀어 강아지 때는 잠깐이지만 이때의 경험은 평생 가기 때문이다.

마야가 우리 집에 온 첫날, 나는 마야가 든 켄넬을 들고 집 근처를 돌아다니기 시작했다. 풀과 나무가 가득했던 곳과 달리 마야에게 도심은 낯선 것들 투성이라 여기저기 둘러보며 어리둥절해하기만 했다. 그래도 곧잘 신기해하는 모습을 보니 얼른 더 세상을 보여주고 싶어졌다.

집에 와서는 바닥에 바짝 엎드린 채로 긴장해 있기를 한참. 조금 후에야 긴장이 풀렸는지 집 안을 돌아다니기 시작했다. 그때를 놓치지 않고 마야에게 집 안을 천천히 구경시켜주며 간식을 주었다. 집 안에 마야가 어느 정도 적응했다고 판단된 그때부터 산책을 준비했다.

흔히들 산책을 다닐 때는 목줄을 쓴다. 하지만 마야는 성견이 되기 전까지는 하네스를 하고 다녔다. 목줄은 말 그대로 목에 채워서 당기는 것이라, 몸통을 감싸는 하네스에 비하면 비교적 약한 힘으로도 마야를 제어하기 쉽다. 하지만 마야가 한창 커가는 시기니 산책은 신나는 것이고 고통스럽거나 나쁜 일은 없다는 걸 기억하길 바랐다. 그래서 나는 안전하게 하네스를 착용하기로 했다.

그다음엔 산책 도구에 적응시키는 연습을 했다. 하지만 장난감으로 착각한 마야는 놀자는 듯 하네스를 물고 당겼다. 몇 번의 놀이를 하고 난 뒤, 하네스를 몸에 걸치면 간식을 주고, 하네스를 곧바로 벗기는 식으로 교육을 했다. 간식으로 구슬리며 이 과정을 몇 번 반복하고 나니 얌전히 하네스를 착용할 수 있게 됐다. 하지만 산책 용품에 적응한 것이 무색하게 마야는 새로운 곳에 적응하느라 설사와 구토를 하게 되었고, 걱정이 된 나는 회복을 최우선으로 삼았다. 아쉽지만 본격적인 산책은 잠시 미뤄야 했다.

그렇게 며칠의 휴식기를 보내면서, 하루빨리 산책하고 싶은 마음이 앞섰다. 그러나 얼마 지나지 않아 마야와 함께 첫 산책을 마치고 나선, 개와의 산책 로망이나 강아지 시절부터 주변 환경에 익숙하게 만들겠다는 야무진 포부 따위 버리게 됐다. 도심은 강아지에겐 위험하기만 했다. 강아지와 산책을 하다보면 앞보단 바닥을 훑는 일이 산책 대부분을 차지했고, 집중 상태를 유지하느라 어느새 목과 눈이 아파지기까지 했다. 산책을 하다 보면 시선이 아래로 향하게 되는 건 지금도 여전하다…….

현실의 산책은 상상했던 것과 달랐지만, 강아지에게 바라야 할 것은 건강뿐이었다. 그래서 마야가 여기저기 들쑤시며 호기심 왕성한 모습을 보이는 것에 만족했다. 산책을 하면서 리드줄에 잘 따라오는 건 애초에 바라지도 않았다.

강아지와의 첫 산책과 그 이후의 사회적응 초창기는 정말 다시 하고 싶지 않은 일이다. 그래도 그때의 고된 시기를 나도, 마야도 함께 겪어 낸 덕에 현재 마야의 사회성 발달은 순탄하다.

하네스 적응 훈련 중….

마야가 하루가 다르게 커갔기 때문에 사이즈 조절 폭이 큰 하네스를 사야 했다.

사람의 집에도 부모 방, 아이 방이 있듯이 개에게도 개인적인 공간이 필요하다. 그렇기 때문에 켄넬이 곧 개의 영역임을 새겨주는 것이 하우스 교육이다. 이 또한 일찍이 시작한 덕에 마야는 켄넬에서 편히 먹고 자고 쉴 수 있었다.

나의 SNS 복귀 이야기

개를 기르는 사람의 인맥은 필연적으로 개를 키우는 사람으로 가득 채워진다. 마야와 함께하면서부터 어째서 견주들끼리 서로 친목을 다지는지 알게 되었다. 나도 다른 견주들과 SNS를 활발히 하며 교류했다.

개를 기르지 않는 사람과 달리 서로 보호자 입장에서 헤아려 볼 수 있게 되어, 이야기를 나눌 때 깊은 이해와 공감을 받을 수 있기 때문이었다. 똑같은 견주라고 해서, 서로의 상황과 행동을 모두 이해할 수 있는 건 아니었지만……. 그래도 여러 보호자와 친하게 지내며 도움을 많이 받았다.

그러다보니 SNS 활동은 자연스럽게 마야가 중심이 되었다. 내 소식이나 근황은 모두 마야의 사진으로 대체했다. 마야가 산책을 가고, 좋은 데를 가면 나 역시 무탈하게 지내고 있는 것이니까. 차츰 업로드의

빈도가 줄어들던 작가 계정은 없애게 되었다. 아쉬운 마음이 들기도 했지만, 과거 SNS 반응에 하나하나 전전긍긍했던 때와 달리 이제는 사람들과 즐겁게 소통할 수 있어 좋았다. 예전엔 초조해하며 작품에 대해 한 마디 의견을 내는 것조차 두려웠는데…….

카메라를 들고 SNS에 마야의 날들을 기록하는 일은 점점 더 진지해졌다. 마야의 사진과 간단한 소식, 일상 얘기에도 많은 사람들이 행복하고 즐겁게 바라봐주었기 때문이었다. 사람들이 마야를 예뻐해줄수록 나도 덩달아 지친 마음이 치유되었다.

온라인에 차곡차곡 글이 쌓일수록, 점차 내 사진 실력도 늘어갔다. 욕심과 의욕이 늘어가면서 마야와의 산책도 힘내서 자주 가게 됐다. 마야는 '견생샷'을 남겨주겠다는 주인의 의도를 모르니 그저 부쩍 산책을 자주 간다며 좋아했다.

그렇게 흐른 시간이 벌써 2년이 넘었다. 감사하게도 여전히 마야를 사랑해주시는 분들이 많다. 따뜻한 마음을 곱씹으며, 오늘도 나는 산책하며 마야의 모습을 카메라에 담아본다.

가을에는 4~5시에 나가면 햇빛이 가장 예쁜 시간을 만날 수 있다.

마야의 첫 계절은

마야는 아주 춥지도, 아주 덥지도 않은 10월 초에 집으로 오게 됐다. 첫 계절이 가을이라 다행이었다. 가을이었기에 에너지 소비하기 적절한 날씨가 매일매일 이어졌다. 해가 중천일 때면 따듯하다며 나갔고, 해가 좀 저물 때면 노을이 예쁘다고 나갔다. 당시엔 하루에 네다섯 번 이상 산책을 가는 것이 일상이었다. 그때마다 마야를 찍을 욕심에 카메라를 들고 나간 탓에 내 팔은 늘 근육통에 시달렸다.

자주 나간 덕에 마야는 아주 쾌활해졌다. 집에서도 이리저리 신나게 놀지만, 밖에서 보여주는 에너지는 정말이지 남달랐다. 바깥에 나왔을 때의 표정만 봐도 알 수 있었다.

잦은 외출로 몸은 고생이었지만, 실컷 놀고 집에 돌아오면 마야가 곤히 자는 모습을 볼 수 있었다. 그럴 때면 정말 보람찬 하루를 보낸 기분이 들었다. 또 동시에 보호본능이 샘솟으면서 책임감이 절로 생겨났다.

밖에서 뛰노는 마야. 저 멀리서도 웃고 있다는 게 느껴졌다.

마야가 바라본 풍경은 이러했다.

온종일 함께하는 보호자

강아지와 하루를 보내는 것은 일견 좋아 보이지만, 실제로는 꽤 고행이다. 감히 육아에 비하기는 어렵겠지만 그에 못지않은 노력이 필요하다. 대소변 교육이 필요하고 교육이 끝난 이후에도 치우는 것은 사람의 몫이다. 먹는 것도 신경 써야 한다.

내 눈앞이 아닌 곳에서 부스럭대거나 쩝쩝대는 소리가 들리면 재빨리 달려갔다. 사람에겐 유해하지 않지만 개에겐 치명적인 것들이 너무 많기 때문이다. 아직 많은 것에 관심을 보이는 강아지인 마야가 깨어있는 시간엔 계속 신경을 곤두세워야 했다. 쿨쿨 자는 시간에만 겨우 마음을 놓았다.

그래도 다행히 나는 재택근무자였고, 애인이 집에 자주 왔던 때라 강아지를 24시간 내내 돌봐줄 수 있었다. 우리 둘은 많은 시간을 마야와 함께했지만, 동시에 귀찮게 하지 않으려 애썼다. 새로운 환경에 적

누워 있는 내 다리 위로 올라와 누운 마야. 다리가 저렸지만 마야가 도망갈까 움직이지 못했다.
잘 자다가도 내가 보이면 내 근처에서 알짱거린다.
아직 어리고 데려온 지 얼마 안 되어서 날 보호자라 인식하지 못할 거라 생각했는데,
내가 나가고 나면 낑낑대거나, 집에 들어오면 다가오기까지 한다.

응하느라 지친 강아지에게 먼저 다가가기보다는 다른 방식을 선택했다. 마야가 먼저 다가올 때 칭찬과 간식을 아낌없이 주어 스스로 우리에게 다가올 수 있도록 유도했다. 우리가 먼저 마야에게 가는 일은 없었지만, 매번 사랑스러운 마야를 만지고 싶은 유혹이 너무 커서 힘들었다…….

그러던 어느 날, 마야가 잠을 청하다 내 품에 쏙 들어왔다. 그땐 심장이 멎는 줄 알았다. 심쿵! 그 표현이 제일 와 닿았다. 물론 금방 뜨끈한 품을 벗어나 시원한 곳을 찾아 떠났지만. 그래도 먼저 다가와주었다는 것이, 잠결에 나를 찾을 만큼 내게 믿음을 준 것 같아 큰 감동을 받았다.

강아지에게 모든 것이 새롭듯 마야를 보는 나 또한 그랬던 때다. 아주 낯선 존재인 내게 온다는 건, 그 당시엔 당연한 일이 아니었기에 나에게 와준 마야에게 더더욱 애정이 샘솟기 시작했다.

이부자리 도둑

마야는 어릴 때부터 내 자리를 탐했다. 처음 온 날부터 내가 자던 자리를 빼앗아 잠들더니, 이후로도 종종 내 옆에서 잠들었다. 한 번은 마야의 상태를 지켜보겠다고 바닥에 얇은 이불을 깔아놓고 누웠다가, 잠시 자리를 비운 사이 마야에게 빼앗겼다.

이부자리 도둑의 행보는 커서도 여전했다. 친동생이 가져온 이불 중 푹신푹신하고 꽤 부드러운 이불이 있었는데, 동생이 자려고 깔아놓은 그 이불 위에 잽싸게 올라가버리는 것이었다. 마야가 자기 이불인 것처럼 자연스러운 자세로 자리 잡으면, 정작 주인은 웅크려 자곤 했다.

불편하게 자는 동생이 안쓰러워 마야를 분리하려 하는데, 동생은 오히려 마야와 같이 못 자는 게 싫다며 불편하게 자는 걸 택했다. 사실 나도 같은 선택을 종종 하게 된다. 사람들은 마야 털이 거친 편일 것이라고 짐작하지만 의외로 정말 부드럽고 포근하다. 때문에 안거나 기대

이때부터 언니의 이부자리를 탐하던 아이.

커서도 여전하다.

어 자면 행복한 기분이 든다. 하지만 마야가 쑥쑥 자랄수록 침대는 점점 비좁아졌다. 마야도 이젠 같이 자기 힘들다는 것을 아는지, 아쉽게도 내 침대 아래서 자는 걸로 타협했다. 가끔 소파나 바닥에서 낮잠 잘 때 마야가 슬쩍 내 옆으로 오면, 좁아지는 잠자리에 불편하지만 기분은 정말 행복해진다.

집 안 산책

집 안 산책도 매일 꾸준히 해주었다. 집 안 어느 곳이든 무서운 곳이 없어야 마야가 안정감을 느끼며 잠을 청하리라 생각했다. 지내다보니 마야는 미끌거리며 어둡고 축축한 화장실을 가장 무서워하는 것 같았다. 그래서 나는 매일 차디찬 화장실 바닥에 하염없이 앉아 있었다. 그렇게 이곳은 '안전한 곳'이라고 온몸으로 설명한 것이다. 그렇게 마야를 안심시키자 점점 한 발씩 내딛으며 내게 다가오더니 화장실 냄새를 맡기 시작했다. 마야는 이제 화장실에 들락날락하며 대소변을 잘 가리고 목욕도 잘 한다.

목욕을 위해 물에 대한 적응도 시켜야만 했다. 원래 물을 잘 마시고 차가운 걸 좋아했기에 거부감이 크게 있는 건 아니었지만, 샤워기를 틀면 깜짝 놀라곤 했다. 적응을 위해 샤워기를 약하게 틀고 화장실에 앉아 사료나 간식을 뿌려주었다. 천천히 발을 적시고 물줄기에 대한 거부감을 없애 갔다.

점점 쌀쌀해지는 계절이라, 물과 씨름할수록 감기에 걸릴까 걱정이 됐다. 얼른 물 적응기를 끝내야 했다. 그래서 같이 젖어가며 놀았다. 나중에는 화장실이 좋아하는 장소가 되어버려서 곧잘 거기 들어가 잠을 청하는 문제가 생겼지만. 이 또한 잘 때는 켄넬이나 방석에서 자도록 유도하고, 화장실은 배변 장소로 사용하게끔 몇 주간 노력했더니 금세 목적에 맞는 각각의 장소를 익혔다.

활발하게 돌아다니는 강아지 시기. 움직이지 않는 나머지 시간에는 대부분 잠을 자며 커간다.
강아지에게 집 안 어느 곳이든 편한 곳이라 느끼게 해줘야 한다.

이빨이 간지러워

강아지의 이갈이 시기에 관한 이야기는 빼먹을 수 없다. 두고두고 기억에 남을 정도로 아프고 고통이 가득한 시기였고, 흉 하나 없던 내 팔과 손이 살면서 가장 너덜너덜해지는 시기였으니 말이다.

유치는 정말 날카롭다. 아무리 작은 강아지라도 물리면 이쑤시개에 콱 찔리는 것 같다. 그래서 유치가 빠지고 영구치가 나기 전까지, 보호자들의 손과 발은 상처를 입고 흉터로 얼룩지게 된다. 마야 또한 이갈이 시기에 어째서인지 내 손에 집착하는 바람에 내 손과 팔을 끊임없이 깨물려고 해서 하루하루가 고난이었다.

사람 손을 물면 인형이나 다른 물만한 것으로 바꿔 유도한다거나, 단호히 거절해야 한다고 배웠다. 하지만 그렇게 교육하더라도 강아지의 행동이 곧바로 바뀌리라 기대하면 안 된다는 건 아무도 가르쳐주지 않았다. 인형이나 수건으로 유도한 지 며칠이 지나도 전혀 나아질

정말 쉴 새 없이 무언가 물고 뜯을 수 있는 걸 줘야 했다. 안 그러면 내 손을 무니까….

기미가 안 보여 교육 방법에 의심을 품기까지 했다.

　사실 갓 태어난 강아지 무렵엔, 어떤 개든 『세상에 나쁜 개는 없다』 프로그램에 나오는 여러 문제를 기본적으로 안고 있는 게 당연하다. 어떤 존재든 태어나자마자 제 앞가림을 할 수는 없으니까. 따라서 보호자는 반드시 강아지가 다 자라기 전까지 사회성 교육을 비롯해 여러 훈련과 교육을 해야 한다. 사회에서 인간과 함께 살아가기 위한 필수 과정이다.

　하지만 이를 모르는 초보 견주들은 자기 개가 모든 문제를 다 떠안은 문제견이라고만 생각한다. 개의 특성을 모른 채 지나치게 걱정하고, 또 심한 경우엔 무책임하게 파양이라는 최악의 선택을 한다. 자신의 태도나 교육 방법에 문제가 있다고는 생각하지 않고 오로지 개에게만 모든 잘못을 떠넘기는 것이다.

　나도 마야를 기르며 속상해서 우는 날도 있었고, 마야를 혼내는 날도 있었다. 당시 나한테 가장 필요했던 건 이 천방지축의 시기가 정확히 '언제' 끝날지 알게 되는 것이었다. 언제 강아지가 늠름해져서 평화로운 때를 맞이할지 모르는 채 막연히 기다리는 건 정말 힘든 일이었다. 어떻게 해야 할지에 대한 것은 쉽게 알 수 있어도 언제까지, 얼마나 해야 하는지 가르쳐주는 곳은 너무 적었다.

간혹 세미나나 강아지 교육하는 곳에서 당연한 걸 질문하는 사람들이 보인다. 아마 정말로 몰라서 질문한다기보다는, 그 과정이 얼마나 걸리는지 대부분 알려주지 않으니 행동이 개선되기까지 얼마나 기간이 걸리는지 물어보는 것일 테다.

강아지의 문제 행동이 개선되려면 그전까지 계속 교육해야 하고, 그 기간이 족히 한 달 정도는 필요할 수 있다는 걸 초보 견주에게 알려주고 싶다. 나 역시도 마야의 강아지 시기를 거치면서 배운 것이다.

귀여움으로 무장한 강아지 시기는 행복하기만 한 때는 결코 아니다. 그러나 모든 과정을 차근차근 밟아가며 열심히 견뎌낸다면, 매우 듬직한 성견이 내 곁을 지키고 있다는 결말이 기다리고 있다.

가릴 줄 아는 마야

마야는 집에 처음 왔을 때부터 어느 정도 배변 교육이 되어 있었다. 마야가 먹는 자리에서 배변할 때마다 어미 개가 코로 밀어내며 배변하는 곳은 '다른 곳'이라는 것을 가르친 것 같았다. 그래서 마야는 아주 어릴 때부터 밥 먹는 곳과 배변 장소를 구분할 수 있었지만, 실내 배변보다 실외 배변을 선호하여 실내에서는 무조건 볼일을 참으려 들었다.

물론 실내보다 바깥에서 배변하는 것이 개에게 좋다. 개들은 일반적으로 자기가 쉬는 곳, 자는 곳, 먹는 곳인 집을 자기 영역이라 생각하여 배변하고 싶어 하지 않는다. 또 소변과 대변이 개들 사이에서 커뮤니케이션 역할을 하기 때문에, 실외 배변은 스트레스도 풀어주고 소통과 사회성에 도움 되기도 한다. 하지만 실외 배변만 고집하다 보면 집에 있는 동안 내내 억지로 배변을 참기 때문에 생기는 건강 문제를 걱정하지 않을 수 없었다. 어떤 보호자는 자신의 개가 소변을 집 안에서

배변 패드를 물어뜯는 마야. 뭐든 다 물어뜯어야 직성이 풀리지.

참더니 물을 적게 마시기까지 한다는 말을 해주었다.

결국, 실내 배변도 학습이 필요했다. 실외 배변과 병행하기로 결정하고 불규칙적인 산책을 시도했다. 매일 오후에 두 시간씩 산책하던 것을 바꿔 오전에 한 시간, 오후에 한 시간으로 바꿨다. 그렇게 불규칙한 산책을 연이어 가자, 마야는 집 안에서 다시 소변을 누기 시작했고 물 먹는 양도 전과 다름없이 많이 마셨다.

배변 패드에 대한 얘기도 빠트릴 수 없다. 마야는 패드에 줄곧 대소변을 보았는데, 후처리가 문제였다. 패드를 일반 쓰레기봉투에 모아 버릴 때마다, 봉투를 뚫고 나오는 냄새가 집 안에 퍼지기 시작했다.

이런저런 방법을 동원하며 냄새가 나오지 않도록 수를 쓰다가 발견한 건 완전 밀폐 휴지통이었다. 이걸 쓰니 어느 정도 집 안에 냄새가 퍼지는 건 막을 수 있었지만, 완벽한 대책은 아니었다. 쓰레기봉투를 꺼내면 집 안으로 냄새가 퍼지는 건 똑같았고, 엘리베이터에 같이 타는 이웃에게 민폐이기도 했다.

덧붙여 환경오염 문제도 무시할 수 없었다. 하루 동안 어마어마하게 사용하게 되는 일회용 배변 패드를 계속 쓰고 싶지 않았다. 그래서 마야가 배변을 완전히 가리게 되고 나서는 배변 패드를 쓰지 않기로 결심했다. 그래서 일회용 배변 패드에서 다회용 플라스틱 배변판으로 점차 옮겨 갔다. 플라스틱 배변판은 물과 세정제로 닦아주기만 하면 영구적으로 재사용이 가능하니 패드를 쓸 때에 비해 쓰레기도 많이 줄었고 훨씬 경제적이었다. 며칠간 계속해서 노력한 끝에 실내 배변 교육은 성공적으로 끝이 났다. 마야는 이제 화장실로 유유히 볼일을 보러 간다.

먹성 좋은 강아지

마야는 오후 산책을 하고 돌아오면 발을 씻으며 밥 먹을 준비를 한다. 제한급여를 하고 있어, 일정 분량의 사료를 그릇에 담아주면 식사 준비 끝. 사료를 남김없이 다 먹어 치우고, 마지막엔 씹기 좋은 간식으로 하루를 마무리한다.

마야가 이렇게 밥을 남김없이 잘 먹기까지 2년이 걸렸다. 그 시간 동안 내가 잔뜩 고생했다는 건, 가까운 사람이 아니고선 잘 모르는 사실이다. 밥투정을 어찌나 고집스럽게 부리는지 속상한 날이 많았다. 하지만 이런 마야도 아주 어린 시절엔 식성이 좋아 가리는 것 없이 많이 먹기도 했다.

태어난 지 얼마 안 되어 이빨이 자라면서부터 바로 엄마의 밥까지 뺏어 먹을 만큼 엄청난 식성을 보여주던 아이였다. 데려오고 나선 산책을 마치고 밥을 먹였는데, 사료를 알맞게 주면 눈 깜짝할 새에 다 먹어치우고 아무것도 안 먹은 척 내게 와 빤히 쳐다보았다. 밥 달라는 신호였다. 그러다 점점 배부름을 모르는 것처럼 항상 먹을 것에 집착하는 경향을 보였다.

때마침 '자율급식'을 알게 되었다. 먹을 것에 집착이 심한 반려동물에게 '자율급식'을 하면 자기가 원할 때 먹고 배부르면 먹지 않는다는 것이었다. 언제든 먹을 수 있도록 사료가 쌓여 있으면, 보다 심리적으로 안정감을 갖게 된다고 했다.

하지만 자율급식을 하기 위해선 먼저 사료가 언제든 먹을 수 있도록 쌓여 있다는 것을 마야가 스스로 인지할 만큼 잔뜩 먹어야 했다. 배가 불러서 스스로 사료를 그만 먹을 때까지 한 번은 먹어봐야 하는 것이다. 그러나 이건 지금까지 후회를 하고 있을 만큼 잘못된 방법이었다. 적어도 마야에게는 그랬다.

마야는 그날도 밥을 허겁지겁 다 먹고, 또 달라는 듯이 앉아서 나를 바라보았다. 자율급식을 위해 빈 그릇 위로 사료를 올려주었다. 배가 불러오는데도 끊임없이 달라고 재촉하는 마야에게 몇 번이고 밥을 주었다. 결국 미련하게 자기가 원래 먹던 양의 세 배를 먹고, 전부 토했다.

다음 날, 마야는 사료를 보고 짖으며 도망가기 시작했다.

그제야 내가 괜한 욕심을 부렸다는 걸 깨달았지만 이미 늦은 상황이었다. 마야는 사료를 먹고 아팠던 기억이 강렬하게 남았는지 사료를 거부하기 시작했다. 다시 사료를 먹을 때까지 급여는 중단되었고, 새로이 입맛에 맞는 사료를 찾아 헤매는 이른바 사료 유목민 생활이 시작되었다.

그렇게 시간이 지나 사료 문제가 해결되었지만, 또 다른 밥투정이 시작되었다. 이번엔 간식이 문제였다. 지인들이 선물해준 간식들을 하나둘씩 먹이다 보니 간식에 맛이 들린 것이었다. 사료는 먹는 둥 마는 둥 하며 뱉어버리기까지 하더니 간식을 당장 달라며 투정을 부리는데, 나는 마음속에 참을 인(忍) 자를 몇 번이나 새기며 화를 참아야만 했다. 사료를 먹으면 간식을 주는데 왜 사료를 먹지 않는 것이야! 이렇게 마야가 사료를 먹지 않고 간식만 찾는 날이 계속되었다. 그래서 바른 식습관을 만들어주기 위해 많은 시간을 들여야 했다.

내가 실천한 방법은 밥을 다 먹을 때까지 간식은 일절 주지 않는 것을 반복해서 행동으로 보여주는 것이었다. 마야가 밥을 다 먹어야 간식을 먹을 수 있다는 걸 알기 시작한 때는 한 살 반이 넘어서였다.

사료를 안 먹거나, 반대로 너무 빨리 먹을 때 오뚝이를 애용했다.
오뚝이는 흔들면 사료가 나오는 장난감으로, 지금도 계속 잘 쓰는 중이다.

그 역사적이고 우연한 순간은 다음과 같다. 마야는 그날도 내 손에 쥐어진 간식을 어떻게 하면 먹을 수 있는지 30분 넘게 고민하다가 간식을 포기하고 사료를 먹었다. 나는 재빨리 그때를 놓치지 않고 칭찬과 함께 간식을 줬다. 마야는 그제야 밥을 잘 먹어야 간식을 먹을 수 있다는 걸 깨달았다. 사료 한두 알만 남겨도 간식을 주지 않은 내 인내심이 빛을 발한 것이다. 마야는 차츰 식기를 깨끗하게 비워냈다. 서로의 노력 끝에 밥투정은 고쳐졌다.

지금은 이 모든 노력들이 무색하게도 중성화 수술을 하자 아기 때와 똑같이 먹성 좋은 마야로 돌아왔다. 어마어마하게 먹어서 살짝 무섭기도 하다…….

동네의 작은 스타

마야를 기르고 SNS을 한 지 반년도 안 되어 팔로워 수가 급격히 늘어났다. 흔히 랜선 집사라 불리는 분들이 인터넷에서 마야를 많이 사랑해주셨는데, 차츰 랜선을 넘어 현실에서도 예뻐해주시는 분들이 생겨났다. 말한 적 없는데도, 건물 엘리베이터에서 마주친 이웃이 마야의 이름을 나지막하게 불러주시거나, 동물 병원에 계신 간호사분이 마야의 팬인 경우도 있었다. SNS에 사진을 많이 올리다보니, 거주하는 지역을 알아보는 사람들이 하나둘씩 생겨나면서 산책길의 마야와 마주쳤으면 좋겠다는 분도 볼 수 있었다.

산책하며 마주치는 이웃과 인사를 나누다 보니 내가 평소 알고 지내는 연령대를 벗어나 여러 사람들과 두루 알고 지내게 되었다. 온라인에서 알게 되었다가 오프라인으로 만나게 되는 사람도 있고, 현실에서 서로 인사를 주고받다가 서로의 SNS를 알게 되면서 온라인에서도 소통하기도 했다. 개인적인 연락처를 알려줄 필요가 없이 SNS로 연락이

가능해지니 부담 없이 연락할 수 있어 좋았다. 서로 좋은 것이 있으면 나누기 바빴고, 여러 이슈를 빠르게 접하면서 사고나 피해에 빠르게 대처할 수 있게 되었다.

특히 누군가 개를 잃어버렸을 때, 마야의 계정으로 소식을 공유하면 빠르게 소식이 퍼졌다. 그러면 금방 잃어버렸던 개를 되찾는 모습을 종종 볼 수 있었다. 언젠간 불편한 점이 생겨날 수도 있겠지만 아직은 좋은 점이 많이 느껴지는 작은 유명세다.

마야는 점점 털의 색과 무늬가 변해갔다.

원숭이 시기

　이중모인 개들은 성장 과정 중 '원숭이 시기'라고 불리는 때가 있다. 안데르센 동화의 『미운 오리 새끼』처럼 못난 시절을 거쳐 아름다운 성체가 되는 과정 중, 얼굴에 원숭이처럼 보이는 둥그런 라인이 생겨 붙여진 명칭이다. 늠름하고 아름다운 성견의 모습과 비교되어 못나다는 말이 나온 것뿐이니 속지는 말자. 원숭이처럼 털이 자랐어도, 여전히 나름대로 귀여운 맛이 있다. 사실 그 무렵은 외모보단 행동이 미운 시기다.

　이 시기는 사람으로 따지자면 청소년 시기나 다름없다. 인생 통틀어 외관이 가장 못나게 변하는 데다가 그 나이에 오는 사춘기라는 것이 겹쳐져 미운 시기. 내가 그랬고, 또 누구나 그랬을 시기가 개나 동물에게도 온다는 것이 신기하기도 했지만 다신 겪어보고 싶지 않은 경험이었다.

정말 어떤 모습의 성견이 될지 감이 안 잡힌다….

평생에 단 한 번 있는 모습이라 이마저도 소중히 하는 것이 맞겠지만, 솔직히 여기저기 사고 치고 말 안 듣는 마야가 늠름한 성견과 다르게 못나 보일 때도 있었다.

에너지는 넘칠 대로 넘치고 보호자의 교육은 안 따르는 마야. 매일 초기화되는 교육 상태는 물론이요, 그 시기에 마야는 사료를 "퉤" 하고 뱉어버리는 재주까지 생겨 몹시 얄미웠다. 게다가 다른 개들은 교육을 하면 조용히 잘만 하던데……. 마야는 뭐가 그리 불만인지 뭐 하나 시키면 조용히 하는 법이 없었다. 꿍얼꿍얼거리는 것이 마치 "빨리 간식이나 줘"라며 말하는 것 같았고, 시키면 곧잘 하다가도 하기 싫다는 듯이 한숨을 푹 하고 쉬는데 이게 정말 나한텐 마음의 상처였다. 반려견한테 상처 받아본 사람은 나뿐이려나. 뭔가 글을 쓰면서 회상하다 보니 서러운 기분이 든다.

꼬리가 점차 길어지고 있다.

짧고 굵게 지나간 개춘기

"대형견을 집에서 기르면 집 안이 남아나질 않을 텐데…."

정말 지겹게도 들어온 말이다. 그래서 나는 내가 놀이를 위해 주는 물건이 아니고서는 마야가 망가뜨리는 일이 없도록 필사적으로 가르쳤다. 그러자 정말 신기하게도 같은 봉제 인형이지만 내가 놀잇감으로 주지 않은 건 건드리지 않았다. 점차 장난감과 아닌 것들을 구분할 수 있게 된 것이다. 그래서 무시무시한 이갈이 시기에도 집 안은 깨끗했다. 마야는 내가 직접 주는 물건만 갖고 놀아야 한다고 판단했기 때문에, 벽지나 문 등 세간은 어디 하나 흠난 곳 없었다.

이사 오던 날, '대형견을 집에서 기르면 나갈 시 파손된 곳을 물어줘야 한다'며 신신당부했던 부동산 중개인도 나중에 이사 가던 날, 집에 한 군데도 흠이 난 곳 없다며 놀랐고, 집 안에서 얌전한 마야의 모습에 두 번 놀랐다.

내 신발을 노리는 것 같은 마야. 이 언니가 지켜보고 있다!

마야는 개춘기라고 칭할 만한 시기가 굵고 짧게 지나갔다. 정말 강렬하게 왔었지만 며칠 교육하니 잘 고쳐졌기에 오래는 지속된 적이 없었다. 게다가 산책 때 모든 에너지를 밖에서 풀고 집에 들어오면 잠들기 바쁘다. 더불어 온종일 같이 있다 보니, 내 시야를 벗어나 사고를 칠 틈이 없기도 하거니와 문제 행동을 일으키는 경우 곧바로 제지할 수 있었다. 훈련사들 말에 따르면 문제되는 행동을 혼내는 것은 그 직후여야만 하고, 한참 시간이 지난 후에는 혼내봤자 아무런 교육 효과가 없다고 한다. 내 경우, 이 사실을 알게 된 건 꽤 시간이 흐른 뒤였지만 자연스럽게 교육 효과를 톡톡히 본 셈이다. 그 때문인지 마야는 한두 번의 인지 후에는 똑같은 문제 행동을 하지 않았다.

하지만 어릴 땐 내내 같이 있어도 방심한 사이 크고 작은 사고가 일어나곤 했다. 아끼던 후드티에 마야 간식을 담아뒀다가 옷이 갈기갈기 뜯겨도 보고, 물려도 보고, 잠깐 온 분리불안으로 인해 하울링을 하는 모습도 보았다. 그뿐만이 아니라 청소하겠다고 치우고 있으면 마야가 다시 어지르기 일쑤였다. 그래도 그런 사소한 고난을 제외하면 성장기는 대체로 순탄히 지나갔다.

첫 반려견 운동장

마야를 키우고 나서 처음으로 이사를 하게 되었을 때, 그 장소를 선택한 이유는 딱 두 가지였다. 산책하기 좋은 큰 호수 공원과 반려견 운동장이 근방에 있어서였다. 그리고 거리를 둘러보면 다른 지역에 비해 개를 기르는 사람들이 많아 보여, 동네의 분위기가 개에게 어느 정도 우호적일 거라 짐작했다. 살아보니 실제로도 그런 편이었다.

반려견 친화적인 분위기는 마야의 사회성에 도움이 되었다. 지나가며 간간히 마주치게 되는 개들과 놀 때, 마야는 사람과 놀 때보다 더 많은 에너지를 뿜어내며 훨씬 즐거워했다. 하지만 사람이 다니는 길목이나 차도 옆에서 개들끼리 친목을 다지는 것은 행인에게 민폐였고, 나 역시 사고로 이어질까 마음이 불편하긴 마찬가지였다.

그뿐만이 아니었다. 마야에게 필요한 많은 운동량과 최대한 빠른 스피드로 달리고 싶어 하는 욕구는 내 힘으로 충족시켜줄 수 없었다. 그래서 반려견 운동장을 찾기 시작했다. 반려견 운동장은 사방이 막혀 있고 넓고 평평한 모래가 깔려 있어, 개들이 줄 없이 뛰어놀며 다른 개와 교류할 수 있는 놀이터이자 운동장이다.

그렇게 반려견 운동장을 간 첫날, 초저녁이었던 당시 보더콜리 세 마리가 운동장을 차지하고 있었다. 마야는 처음으로 줄 없이 돌아다니기도 하고 원반만 쫓는 보더콜리를 멋모르고 같이 뛰어다니며 놀자고 들이대기도 했다. 하지만 마야가 몇 번 인사를 건넸지만 보더콜리 세 마리는 원반 쫓는 데 겨를이 없어 놀아주지 않았다. 결국 마야는 나에게 살며시 돌아왔었다.

처음으로 간 놀이터에서 친구들과 동떨어져 혼자 쭈뼛거리며 쑥스러워하는 자녀를 보는 기분이 이런 것일까? 마야가 살갑게 굴며 인사를 건네길 바라다가도, 쏜살같이 멀어지는 다른 개들을 보면 괜히 마음이 복잡해졌다. 그렇게 마야의 반려견 운동장 데뷔는 내게 안쓰러운 마음만 남기고 허탈하게 끝났다. 사실 마야는 당시 충분히 즐거웠을지도 모른다. 사람의 감정을 이입해 해석하니 그렇게 느껴지는 것일 수도 있지만……. 나는 이미 학부모의 심정이 되어 마음이 상해버린 탓에 그날 이후로 마야와 잘 놀아주는 친구를 만들어주기 위해 고군분투하게 됐다.

마야도 놀고 싶은데….

드디어 마야에게 첫 친구가 생겼다.

첫 친구

마야의 첫 친구를 떠올려보면 첫사랑을 떠올리듯 아련해진다. 지금은 친구가 많아졌고 자기와 맞는 상대가 아니면 놀지 않지만, 과거의 마야에겐 그런 선택지가 없었으니까. 그 당시 마야는 친구를 사귀는데 굶주려 있었다. 지나가는 개들을 보면 다 인사하겠다고 난리였다. 하지만 내가 줄로 통제하고 있으니 마야는 그저 상대가 와주길 기다리기만 했다. 엎드려서 기다려보고, 낑낑대며 와달라고도 해보고, 상대 개가 부담스러울 정도로 빠~안히 쳐다본다. 하지만 다른 개들에게 멋대로 다가가는 것 또한 실례이기도 하고 위험하기도 해서 안전하고 좋은 방법으로 다른 개들과 인사시키고 놀게 해주고 싶었다.

처음 반려견 운동장에 갔을 땐 어느 무리에도 끼지 못하고 혼자 놀아야 하는 쓸쓸함을 맛보았던 마야. 그 이후론 주말마다 3km 정도 되는 거리를 걸어 반려견 놀이터에 다녔더니 새로운 친구가 생기기 시작했다. 마야는 특히 성격이 좋은 '보리'라는 친구를 좋아했다.

보리는 마야보다 한두 달 먼저 태어났다. 마야가 철없이 구는 행동도 다 받아주며, 개월 수에 맞지 않게 의젓하게 굴었다. 둘은 함께 쑥쑥 자라며 어느새 단짝이 되었다. 지금은 거리상의 문제로 보리와 마야가 전처럼 만나 놀 수 없지만, 떠올릴수록 참 귀한 첫 친구다.

이후 사귀게 된 두 번째 친구는 '여름이'. 마찬가지로 마야와 나이가 비슷한 강아지다. 지친 기색 없이 마야와 늘 잘 놀아줘서 고마운 적이 많았다. 최근 여름이 SNS를 알게 되어 반려견 운동장 바깥에서도 반가운 소식을 접하고 있다. 이처럼 마야로 인해 나 역시 지인이 늘어나는 중이다.

첫 단추를 잘 꿰어야 한다는 말처럼, 의젓하고 매너가 좋은 보리와 여름이 덕에 마야는 사회성을 잘 익힐 수 있었다. 요즘엔 어느 강아지와도 잘 어울려 논다. 차츰 좋은 친구들을 많이 사귀게 되니 바뀐 점도 있다. 다 자라고 세 살이 넘은 지금은 전과 달리, 자기와 잘 맞지 않는 개에겐 유유히 돌아서기도 하고, 산책하다 새로운 친구를 사귀는 것도 드물어졌다.

마야의 소중한 친구
'여름이'.

마야가 크는 동안 보리에게
신세를 많이 졌다.

보리가 오지 않자
다른 애들과 놀기 시작한 마야.

터프한 마야

마야는 다소 거칠게 굴고, 행동을 크게 하는 경향이 있다. 그리고 체력이 정말 좋은 탓에, 마치 놀이에 굶주린 것처럼 다른 개들이 부담스러워할 정도로 끝없이 놀자고 한다. 이런 점을 싫어하는 강아지들이 있기도 해서, 나는 그 부분이 제일 고민이었다.

그래서 마야가 노는 동안 눈을 떼지 않고 보며 관찰하니, 마야의 친구는 두 부류로 나뉘었다. 먼저 마야처럼 기운 넘치는 친구들이 있었다. 이 경우엔 서로 같은 성향을 가진 아이들끼리 노는 것이라 호흡이 잘 맞게 놀았고, 보호자들끼리도 폐를 끼치지 않는다고 생각해 서로 안심할 수 있었다.

반면 반대 성향을 가진 개들도 있었다. 전혀 다른 성격인데도 무던히 잘 어울려주는 친구들이었다. 대부분 조용조용 마야의 힘을 조절해주며 놀아주는 똑똑한 개들이었다. 완급을 조절하며 때론 져주기도

개들과 놀 때에 사람이 어느 정도 간섭해가며
거칠게 놀지 않게 해줘야 한다.

하고, 때론 강하게 나가 도발하기도 했다. 이렇게 의젓하게 언니나 오빠 노릇을 하며 놀아주는 아이들은 몇 없다. 이런 경우엔 마야가 좋아하는 것은 물론이고 보호자인 나도 감탄하며 정말 좋아하게 된다.

그래서 마야도 보고 배웠으면 하는 마음으로, 되도록 같은 성향을 가진 개들보다 유독 매너가 좋은 아이들과 놀게 해주려 했다. 사람에게 배우면서 사회에 적응하기도 하지만, 같은 개에게 배울 때 더 빠르게 학습하는 것을 느꼈기 때문이다. 물론 성격이 좋은 개들과 놀 때에는 다소 천방지축처럼 노는 마야를 자제시키는 것도 잊지 말아야 한다.

물론 다들 그것도 잠시고, 세 살이 넘어가면 지금처럼 놀자고 안달 내는 마야의 모습이 점차 사라질 거라고 했지만, 마야가 세 살이 넘은 현 시점에서 저 말은 틀렸다고 할 수 있다. 활기찬 마야의 모습은 지금도 여전하다.

이른 겨울과 첫눈

시베리안 허스키는 본디 추운 지역에서 살던 개였기에, 마야에게도 눈을 보여주고 싶은 건 당연했다. 이제 막 자라나고 있는 마야에게 첫눈에 대한 감동은 특별할 거라 확신했고, 또 눈밭을 뛰노는 마야의 사진을 실컷 남기고 싶기도 했다. 그렇게 추운 날씨가 오기만을 기다렸는데, 막상 겨울이 오니 추위를 기다렸던 것이 후회됐다. 일찍이 찾아온 그해 겨울은 아무리 단단히 입어도 살이 아릴 만큼 매우 추웠다. 돌이켜볼수록 이후에 겪은 겨울이 모두 시시할 정도니까.

아직 털이 다 자라지 못한 마야가 추워할까 걱정되기도 했다. 하지만 괜한 걱정이었다. 마야는 강추위에 끄떡없었다. 아직 어렸음에도 불구하고 겨울 눈밭을 천연덕스럽게 뛰어놀았다. 눈을 먹기도 했고, 뭉쳐져 날리는 눈들이 잡히는 것이라 착각하며 잡으려 애쓰기도 했다. 추워서 동상이 걸릴 것만 같던 나와 달리 마야는 끄떡없이 눈에서 구르고 코를 파묻기도 했다. 아무도 밟지 않은 하얀 눈을 보며 정신없이 내달리는 모습은 더없이 사랑스러웠다.

　당시 내 카메라는 영하 10도를 가뿐히 넘긴 추위에도 버틸 만큼 튼튼했고, 마야도 신나서 눈밭을 뛰어다녔지만 문제는 따로 있었다…….

매우 춥고 눈이 많이 오는 날엔 어딜 가나 사람이 없다.
여느 때와 달리 눈치 보지 않고 마야와 신나게 놀 수 있는 기회다.

달리고 달린다

개는 문제없는데 내가 문제였다. 몇 년 새에 약해진 내 체력으론 버틸 수 없는 추위였다. 패딩으로 감싼 몸뚱이는 그럭저럭 버틴다 하여도 손과 얼굴과 발이 버티기 힘들었다. 산책하면서 줄을 잡아야 했던 내 손은 장갑을 착용해도 시려서 괴로웠다. 카메라를 든 손은 아프기까지 했다. 무시무시한 영하의 온도에 칼바람이 곁들여지자 얼굴이 찢어지는 듯했다.

추위를 견뎌가며 마야와 눈밭을 산책하고, 그런 마야를 잔뜩 사진으로 남기고 나서 나는 동상에 걸렸다. 정말 생에 처음으로 걸려본 동상이었다. 처음엔 동상인 줄도 몰라 손이 저릿저릿한 느낌이 신기하여 지인들에게 말했더니 그것이 바로 동상이라고……. 또 하나 새로 알게 된 사실은 동상에 한 번 걸리면 이후에 또 걸리기 쉽다는 것이었다. 이제 나는 장갑 없이는 나갈 수 없는 몸이 되어 버렸다.

추위를 잊기 위해선 마야와 함께 달리고 달려야 했다.

그해 겨울은 내내 사람에게는 고통스러운 날씨가 이어졌지만, 놀랍게도 마야는 추울수록 더 즐거워했다. 오히려 칼바람을 헤치고 질주하고 싶은 본능만이 가득해 보였다. 결국, 내가 마야를 따라가기 위해선 뛰며 체온을 올려야 했다. 마야와 함께 뛰고 나면 추위가 가시고, 활기가 생겼다. 생각해보면 학창 시절 체육 선생님도 못해냈던 걸 마야가 해낸 셈이다.

긴 외출로 인해 처음으로 롱패딩을 샀다. 이제는 롱패딩이 없으면 겨울을 못 지낼 정도.

짖어!

현재 마야가 할 줄 아는 것 중에 "짖어"라는 것이 있다. 어떻게 가르쳤냐는 질문도 많이 받지만, 그 못지않게 "왜 가르쳤어요?"라는 질문도 많이 받는다.

원래 허스키는 원인 없이 짖는, 이른바 헛짖음이 없는 견종이기 때문에 낯선 사람이 집에 와도 조용하다는 것이 특징이다.

마찬가지로 마야도 손님이 오거나 택배나 배달이 와도 짖는 경우 없이 조용했다. 대신 "우오우오우웅" 하며 길게 울음 소리를 내는 것이 전부다. 사람 말을 따라하듯 말하는 것이 허스키의 큰 특징이라는데, 마야가 꼭 그렇다. 하지만 이 또한 마야가 신나는 경우를 제외하곤 소리를 내는 일이 없었다. 나는 마야의 예쁜 목소리가 듣고 싶어 "짖어"를 가르치게 되었다.

'어떻게' 가르쳤는지, 그 방법에 대해서 설명을 하자면 조금 우스꽝스러운 모습이라 설명하기 망설여진다. 우선 결론만 말하자면…… 그냥 같이 짖었다.

처음엔 해외 훈련사의 방법을 토대로 가르치려고 했었다. 간식을 들고 소리를 낼 때까지 주지 않는 것이었는데, 처음에 낑낑댈 때 칭찬과 간식으로 보상을 주고 이후에는 더 크게 짖을 때까지 기다리는 것이었다. 주의해야 할 것은 "짖어(bark)"를 가르치는 교육은 요구성 짖음을 강화하는 것이기 때문에 반드시 "조용(quiet)"을 가르친 후에 시작해야 한다.

"조용"은 "짖어"에 비하면 쉬운 편이다. 간식을 들고 짖으면 점점 간식을 멀어지게 하는 것뿐이었다. 그러다 조용해지면 바로 "조용"이라는 명령어를 입히고 칭찬과 보상을 한다. "기다려" 교육과 비슷하게 조용해지는 시간을 점점 늘리는 것도 중요하다.

마야는 평소에도 정말 조용해서, "조용"을 가르치는 것도 어려웠고 나아가 "짖어"를 가르치는 것은 더 힘들었다. 겨우겨우 낑낑대는 소리를 내는 단계에 왔지만, 그 이후 더 크게 짖기까지는 너무나 시간이 오래 걸렸다. 목소리 듣는 일을 포기해야 하나 싶을 정도였다.

그러다 집에 놀러 온 애인이 나의 교육 방법을 듣더니 단순한 방법을 제안했다. 같이 짖어보라는 것이었다. 놀랍게도 마야는 내가 노력한 시간이 무색하게 바로 몇 분 만에 같이 짖기 시작했고, 곧바로 명령어를 입혀 "짖어"를 할 수 있게 되었다.

마야는 이제, "짖어"와 "조용"을 완전히 습득하여 짖을 때와 짖지 않을 때를 구분한다. 내가 의문형으로 말할 때에 짖는 것으로 대답하기도 하고 가끔 간식 먹고 싶다며 칭얼거릴 때 "조용"이라는 한마디에 조용해지는 기특한 아이가 되었다. 가끔 앉는 것과 기다리는 것을 가르치는 일 외에 다른 것들은 모두 묘기에 불과하다는 사람들에게 개들의 재주는 현대 사회에 살아가면서 사람과 소통할 수 있는 또 하나의 수단을 배운 것이라고 말해주고 싶다. 그리고 개들 또한 무언가 배워, 스스로 할 수 있는 게 생기면 매우 좋아하고 뿌듯해하는 모습을 볼 수 있다.

제가 언제 그랬나요?

 강아지 땐 내 손을 잘도 깨물깨물하더니, 영구치가 다 난 후엔 나를 무는 일이 없다. 이제는 아예 내 손이 입 근처에만 가도 앞발로 밀어버린다. 드디어 입질 시기가 끝난 것이다. 손에 상처가 아물 날이 없었던 그때의 모습과 정반대로 물지 않으려 내 손을 피하는 모습이 어색하기까지 하다. 중간이 없이 갑자기 확 변했다. 아무도 내 팔과 손의 흉터가 마야 짓이라고 생각하지 못할 만큼, 마치 언제 그랬냐는 듯이.

 드디어 그간의 노력이 점점 빛을 발하는 게 보인다. 상자와 종이를 갈기갈기 찢던 매일이 얌전한 나날로 바뀌면서 이제 고생은 끝난 건가 싶다. 물론 산책할 땐 여전히 힘이 넘치는 강아지지만…….

새 털 나기

원숭이 시기가 끝날 때면 원래 지니고 있던 체형이 다 감춰질 만큼 겉털 사이사이로 속털이 자라난다. 얼마나 자라느냐고 묻는다면 분명 몸무게는 그대로인데, 마야가 살이 이렇게 많이 쪘나 싶을 만큼 털이 많아진다고 대답하고 싶다. 털이 풍성한 성견으로 정말 어엿하고 예쁘게 자라난 마야의 모습은 정말 카메라로 담지 않을 수가 없다.

실컷 사진으로 담고 나면 어느새 털갈이를 맞이할 때가 온다. 북실북실한 털들은 야속하게도 6개월 정도 후 털갈이 때 빠지면서 또다시 늘씬한 체형으로 돌아와서, 그때의 모습이 그리워진다.

몸도 몸이지만 얼굴에서 목까지 차이가 두드러진다. 개에게는 '원숭이 시기'와 비슷하게 '안경 시기'라고 불리는 외모 변환기를 겪는 경우가 있는데, 마야가 그러했다. 그 시기는 말 그대로 개가 안경을 낀 것 같아 생긴 말인데, 마야 눈 양옆으로 희미했던 무늬가 출생 3개월 차

아직 어린 티가 나면서도 털이 다 자라 성숙해 보이기도 한다.

를 지나 10개월에 접어들며 짙은 안경 무늬처럼 자리 잡았다. 짙은 안경 무늬는 그 이후로 옅어지는 듯하더니 털갈이 시기가 올 때마다 안경 무늬가 조금씩 생겼다가 사라지기도 했다.

멋있는 작은 늑대

한 살이 아직 되지 않았음에도 벌써 폭풍 성장하여 성견의 모습에 가까워졌다. 다 완전히 자라기까지 3년이 걸리는 수컷과 달리 암컷은 1년 정도면 몸이 다 자라는데, 마야의 체구는 모견만큼 아담하고 예쁘게 자라났다.

물론 어떻게 크든 내 눈엔 다 예뻤을 테지만, 마야는 내가 예상한 것보다도 훨씬 더 예쁘게, 그리고 잘 자라주어 눈을 떼기 힘들 정도다. 어릴 때 병아리처럼 연노랑이었던 마야는 성견이 되어서는 귀에만 희끗하게 연노랑 털만 남은 것만 빼면 모두 회갈색으로 변하여 옛 모습을 찾기 힘들게 되었다. 이처럼 강아지 때의 모습이 온데간데없이 사라지는 개들은 어떻게 자랄지 예상하기 힘든데, 이렇게 예쁘게 자랄 줄 누가 알았을까? 사람마다 취향은 다르겠지만 마야의 다 큰 모습은 내가 평소 취향이라고 생각했던 개의 외모와 비슷해서인지 너무도 예쁘게 느껴졌다.

마야의 털색은 참 오묘하게 레드도 블랙도 아닌 회갈색이 되었다. 재밌게도 늘 한 가지 색으로만 보이는 털색이 아니라서 다채로운 모습을 볼 수 있다. 오후에 산책하다 햇빛에 비치면 붉게 변하는데 그때 마야의 털은 햇빛을 머금고 있다는 표현이 딱 어울릴 만큼 빠져드는 색이다. 일반 조명에서는 회갈색으로 변하는데 이 또한 매력이 있다. 회갈색의 마야는 꼭 늑대 같아 멋있어서 계속 보게 된다.

게다가 마야는 흥분을 하거나 기분이 좋으면 목털과 등털이 서는 특징이 있는데, 털이 바짝 세워져 있을 땐 자신감이 흘러넘쳐 보여 더 멋있어진다.

이런 특이한 털색의 허스키는 마야만 있는 것이 아니다. 허스키의 털색은 블랙과 레드만 있다고 흔히들 알고 있다. 하지만 사실은 훨씬 다양한 색깔이 있다. 특히 마야 같은 색은 뭉뚱그려 레드라고만 하기 때문에 이런 색깔이 존재한다는 것을 알기 어렵다. 허스키의 색이 다양하다는 것을 이미 알고 있던 나조차도 마야를 키우면서 이런 색이 나올 수 있다는 걸 처음 알았다.

특히 마야의 경우 모견은 회색이었고 부견은 쿠퍼레드(진한 레드)였기에 더더욱 예상하기 어렵기도 했다. 후에 마야의 털은 그 윗세대의 암컷 개로부터 물려받은 유전자라는 것을 알게 되었다.

목털과 등털이 바짝 선 마야.

오드아이

마야가 오드아이라는 점도 데려오기 전까지는 몰랐던 사실이었다. 마야가 어릴 때는 눈이 양쪽 다 청록색에 가까웠다. 그러나 자라면서 오른쪽 눈은 호박색과 옅은 하늘색, 그리고 왼쪽 눈은 온전한 푸른색인 오드아이가 되었다. 오드아이는 또 색에 따라서 그 명칭이 달라지는데, 마야처럼 한 홍채 안에 두 가지 색이 존재하는 경우는 파이아이(Pie eye)라고 불린다.

마야의 오른쪽 눈은 꼭 우주 은하수를 담은 듯한 신비로운 느낌을 선사한다. 물론 왼쪽 눈도 만만치 않게 존재감이 있다. 겨울 개답게 눈처럼 차가운 옅은 파란색인데, 눈밭에서 마야를 찍을 때면 그 파란색이 더더욱 돋보인다.

양쪽 눈 색이 다르다 보니 얼굴을 보는 방향에 따라 느낌이 달라진다. 난색인 오른쪽 눈이 보이는 방향으로 마야를 보면 인상이 따스한

데, 한색인 눈이 있는 왼쪽 얼굴은 흔히들 우리가 생각하는 도도하고 날카로운 허스키의 이미지다.

허스키의 상징이라고도 하는 이마의 흰 무늬, 이른바 불꽃 마크가 마야에겐 없지만, 난 그 점이 제일 좋다.

우주의 은하수 같은 마야의 눈은 사진으로 담기가 어렵다.

따듯함을 맞이한 봄

추웠던 날씨가 풀리고 기온이 상승하면서 밋밋했던 잔디들이 푸르게 바뀌었다. 마야는 처음 맞이한 봄을 겨울 못지않게 즐거워했다. 꽃을 처음 본 마야는 신기함에 어쩔 줄 모르는 개구쟁이 같았다. 그 신난 모습을 보고 있는 나도 마음이 따스해지는 계절이었다. 그래서 잠깐 왔다 가는 꽃을 더더욱 만끽하기 위해 연일 미세먼지가 나쁨을 기록해도 밖에 나가 꽃구경을 하기에 바빴다. 꽃이 핌과 동시에 함께 찾아온 벌레들도 호기심 많은 마야에겐 흥미의 대상이었다. 뭣 모르고 벌을 입으로 물려고 해서 얼마나 기겁했는지 모른다.

요즘엔 지구 온난화로 봄이 예전에 비해 거의 없다시피 하다. 여름이 이른 더위와 함께 찾아오기 전에 날이 시원할 때 많이 외출하려고 산책 시간을 늘리기도 했다.

이젠 롱패딩을 벗어도 될 날씨가 되었다.

벚꽃을 처음 본 마야.

생기 넘치는 꽃과 풀. 자연과 잘 어우러진 마야.

노을이 지면 더 붉어지는 마야.

살이 통통

봄이 오고 날이 따뜻해졌다. 봄은 너무도 풍경이 다채롭고 생기 넘치는데다가 계절 자체가 스쳐지나간다고 할 만큼 짧아서 고작 미세먼지 때문에 외출하지 않기에는 여러모로 아쉽다. 그래서 힘들어도 나갈 채비를 하게 된다. 개들이 미세먼지에 대해 이해할 수 있다면 좋을 텐데…….

그렇게 생각한 것은 나뿐만이 아닌지, 봄이 되자 반려견 운동장에도 개들이 많이 오기 시작했다. 나는 마야의 친구를 만들어주기 위해 반려견 운동장에 자주 갔는데, 어느 순간 마야가 늘 같이 놀던 친구들의 달리기 속도를 따라잡기 힘들어하기 시작했다.

추운 겨울 동안 털과 지방을 늘리다 보니 튼실하다 못해 살이 많이 붙어버린 것이다. 당시에는 마야가 살이 불어났다는 사실을 알아차리지 못할 만큼 내 눈이 객관적이지 못했던 것도 한몫했다. 한참 후 찍은

사진을 보정하다가 그제야 살이 쪘다는 사실을 알게 되었다. 그뿐만이 아니라 마야가 친구들과 뛰어다닐 때마다 살이 출렁거리면서 힘들어 보인다는 말도 듣게 되자 아무래도 내 사랑이 과했구나 싶었다.

인터넷에서는 흔히들 통통한 고양이와 개를 '뚱냥이' '뚠뚠개'라고 부르며 귀여워하는 경향이 있는데, 사실 정상체중을 넘어선 비만이 되는 것은 개나 고양이의 건강에 좋지 않아 경계해야 하는 일이다. 하지만 막상 마야의 살이 오르자 왜 보호자들이 자기 개가 살쪘다는 사실을 모르곤 하는지 이해가 갔다.

항상 마야와 붙어 다니는 나로서는 서서히 일어나는 변화는 알아채기 힘든데다, 털이 빽빽하게 자라 살인지 털인지 구분하기 힘들었다. 그저 털이 많이 올라 예뻐졌다고 좋아하기만 했었다. 털이 빵실빵실해져서 예쁘다며 입이 마르도록 칭찬했는데 실은 살이었을 줄이야…….

하지만 건강은 매우 중요한 일. 나는 마야와 되도록 오래오래 같이 살고 싶기 때문에 살을 곧장 빼기로 맘먹게 되었다.

날도 더워지고 살이 오르면서 더위를 더 잘 타기 시작했다.

자기관리하는 마야

마야는 살이 찌면서 쉽게 숨이 차오르곤 했다. 내 느리고 오래된 카메라도 이때엔 마야를 잘 잡아낼 수 있을 정도였으니 얼마나 마야가 느렸는지 모른다. 하지만 다른 친구들의 달리기를 따라잡기 힘들어하면서부터 마야는 알아서 밥을 적게 먹기 시작했다. 내가 마야 살을 빼야겠단 마음도 먹기 전에 마야가 먼저 스스로 자기 몸을 관리하고 있었던 것이다. 그 사실을 뒤늦게 알아챈 나는 SNS에 상담글을 올렸고 한 전문가 분의 조언을 얻을 수 있었다.

"고속주행이 가능한 썰매견이 되어가는 거예요. 지역을 대표하는 토착견에게는 오랫동안 그 땅에 적응한 결과물인, 지혜가 담겨 있는 유전자가 있거든요. 특히 허스키는 체력관리를 스스로 하는 똑똑한 아이들이에요."

정말로 마야도 그랬다. 자기가 느끼기에 필요 이상이다 싶으면 먹는

양을 조절했다. 그것도 사료투정을 부리듯 깨작깨작 먹는 것이 아니라 먹성 좋게 먹다 남기니 신기할 따름이었다.

그때쯤엔 운동량도 더 늘었다. 거기 맞춰주기 위해 원반을 일부러 구매했다. 놀이에도 견종마다 차이가 있어 보더콜리가 원반던지기 놀이를 잘하는 경우는 많아도 허스키는 잘 못한다는 말을 들은 적이 있다. 하지만 자신의 몸을 관리하려는 마야의 강한 의지에 내가 해줄 수 있는 것은 원 없이 뛰어놀 수 있도록 운동장에 자주 가주는 것, 그리고 원반던지기를 해주는 것 정도였다. 그렇기에 사람들 말에 굴하지 않고 원반을 열심히 던져주었고, 다행히 마야도 원반을 좋아해 더욱더 힘차게 달려주곤 했다. 그리고 허스키는 원반던지기 놀이를 못한다는 말이 무색하게 종종 원반을 잡아 물어오곤 했다.

일반적으로 활동적인 개들은 운동이나 산책을 자주 시켜주는 사람일수록 잘 따른다.

사람에게 맞춰간다

흔히들 개는 사람을 위해 희생하거나 지킨다는 이미지가 있지만, 나는 그것이 옛날이야기라고 생각한다. 한쪽이 일방적으로 희생하는 것이 아니라 함께 살아가는 '반려'로서의 유대감이 더 중요하지 않을까. 그래서 마야가 나에게 맞춰가듯 나 역시 마야에게 맞춰가야 한다고 믿는다.

개를 키우기 전, 나는 늘 궁금한 것이 있었다. 사람이 아닌, 말이 통하지 않는 동물과 소통한다는 것은 무엇일까. 그리고 마야를 키우며 마야가 점차 나의 생활리듬이나 성격마저 닮아가는 것을 느끼면서 말이 통하지 않아도 서로 마음이 통할 수 있다는 것을 깨달았다.

그러고 보면 마야는 성장하면서 많은 것이 변했다. 특히 같이 산책하다 달릴 때 느낄 수 있다. 정신없이 앞만 보며 내달리던 강아지가 이제는 내가 잘 따라오는지 뒤돌아보며 조금 느리게 달려주기도 한다. 한 번은 내가 실수로 줄을 놓친 적이 있다. 당황해서 달리던 마야를 잡으러 뛰었는데, 이미 놓친 마야를 내 속도로 따라잡기에는 역부족이었다. 하지만 다행스럽게도 놓친 마야를 애타게 부르자 정신없이 달리다가도 내 목소리에 다시 돌아왔다. 평소 콜링 훈련(부르면 오는 것)을 조금씩 한 덕인지, 내가 멀리 떨어져 있으면 불안한 듯 다시 돌아오곤 했다.

그날 마야는 원래 엄청나게 빨리 달릴 수 있음에도 불구하고 날 위해 같이 느리게 달려주었다는 걸 새삼 깨닫게 되었다.

개가 사람한테 맞춰 크는 것이다 보니, 그 견종의 가장 큰 특성이라고 하는 것마저도 보호자에 따라 차이가 생긴다. 허스키의 경우 도둑도 반길 만큼 사회성이 좋고 주인이 아니어도 말을 잘 따른다는데, 마야는 조금 달랐다. 대체적으로 손님을 좋아하지만 자기 보호자가 아닌 다른 사람의 말은 무시하거나 외면하는 행동을 보였다. 또 놀러 온 친척이 현관문을 활짝 열고 마야에게 같이 나가자고 유혹한 적이 있는데, 그때도 굴하지 않고 내 곁에 바짝 붙어 있었다.

하지만 이런 마야도 가끔 기특한 모습을 보인다. 특별히 가르쳐준 적도 없는데도 사람과 소통을 하고 싶을 때는 신호를 보낸다. 산책을 하고 싶을 때 날 빤히 바라보기도 하고 나중에는 하네스를 물고 와서 내 앞에 가져다 놓기도 한다. 놀고 싶을 땐 장난감을 내 발밑에 두며 눕는다. 또 소변을 본 후 일하고 있는 나에게 와서 코로 나를 살짝 쿡 하고 찌르며 소변을 봤다고 알려준다. 내가 자고 있을 땐 살짝 핥아서 깨우기도 한다. 이런 마야의 신호에 무슨 의미가 있는지 아는 것이 중요하다. 나는 마야와 같이 지내면서 점차 마야가 어떨 때 무엇을 원하는지, 그리고 어떤 행동을 보이는지 어느새 웬만큼 알게 되었다.

자기가 원하는 것을 요구하는 것뿐만이 아니다. 사람의 기분을 살피기도 한다. 내가 일이 잘 진행되지 않아 화가 난 표정을 짓는 날이면 마야가 눈치 보며 켄넬에 들어가 조용히 있곤 한다. 이럴 때면 미안한 마음에 화가 금방 풀리기도 한다. 또 슬퍼서 울고 있으면 자신의 얼굴을 내 품에 파고들며 만져 달라 응석 부리기까지 할 만큼 착하다.

애초에 사람은 자신이 키울 개를 선택할 때 자신의 외모나 행동과 닮은 부분이 있는 개에게 이끌린다고 한다. 그래서 처음부터 큰 어려움 없이 소통이 가능했던 게 아니었나 싶다.

어릴 때부터 집에 놀러 온 손님들을 맞이하곤 했더니 지금은 낯선 사람에게도
행복한 웃음을 보여준다.

산책하다 날 바라보는 마야.

계단 오르기

마야가 아직 어렸을 때, 나는 계단이 있는 집에서 살았다. 난 위층에서, 마야는 아래층에서 잤는데, 마야는 내가 있던 곳이 궁금했는지 계단을 오르려고 했다. 하지만 우리 집 계단은 좀 가파른 편이었고 결국 몇 번 구르더니 계단은 마야에겐 무서운 곳이 되어버렸다. 그 이후엔 오르려는 시도조차 하지 않았다. 그 경험 때문에 마야는 계단을 내려가는 걸 무서워했고, 내게는 계단을 무서워하지 않고 잘 내려갈 수 있도록 가르쳐 나가야 하는 숙제가 생겼다.

간식으로 유도하는 것은 물론, 집이 아닌 공원에 있는 낮은 계단들로부터 시작하면서 조금씩 적응하도록 해주자 마야는 계단에 대한 두려움이 점차 없어졌다. 그렇게 계단에 대한 공포가 사라지자 마야는 혼자 알아서 집에 있는 계단에 계속 꾸준히 도전하기 시작했다. 그런데 신기한 것은 마야는 결코 한꺼번에 성급히 계단을 정복하려 하지 않았다는 것이다. 한 칸 올라갔다가 내려가고, 두 칸 올라갔다가 내려가고, 그다음은 세 칸⋯⋯ 점차 단계를 늘려가며 혼자서 복습도 여러 번 하고 있었다.

그렇게 천천히, 그리고 완벽하게 해내려는 모습을 보고 있으려니 늘 성급한 건 사람뿐이구나 싶었다.

"우여곡절 끝에 올라갔는데 어떻게 내려가지?"
(계단 테두리가 망가진 건 마야의 짓이 아니에요!)

계단을 한 번 오르기 시작하더니 나중엔 곧잘 올라가서 날 바라보곤 했다.

잘생긴 마야

날이 따뜻해지자 공원에 사람이 가득해졌다. 이런 곳에서 개와 평화롭게 산책하기란 참 힘든 일이다. 나는 그나마 개에게 우호적인 동네에 살아서 엄한 소리를 많이 듣는 편은 아니었지만, 간간이 SNS을 통해 견주와 주민 사이의 마찰에 대한 이야기를 보았기에 긴장감을 놓지 못했다. 그러나 날이 선 듯한 산책길에서도 이따금 나를 누그러뜨리는 말들이 들려오곤 했다.

"늑대다!"

지나가던 아이들이 이렇게 큰 소리로 외치는 것은 물론, 정말 당당하게 엉뚱한 견종을 언급하는 사람들도 많았다. 사람들이 지나가며 추정한 마야의 견종은 말라뮤트, 진돗개, 시바견, 웰시 코기(마야의 다리가 짧아보였나……?) 등등으로, 정말 다양하다.

이뿐만이 아니다. 그와 동시에 마야가 잘생겼다는 말을 꼭 하루에 한 번씩 듣게 된다. 강아지 때는 귀엽다는 말을 들었다면 다 자라고 나선 잘생겼다는 말들을 많이 듣는다. 개를 기르는 사람들한테는 지나가는 사람들에게 개가 예쁨 받는 것이 흔한 일이라고 하던데, 난생처음 개를 길러보는 나로서는 익숙해지기 어려웠다. 그러나 이것도 1년 정도 지나자 익숙해졌고 이제는 내 개에게 말을 건네는 사람과 간단한 대화까지 한다. 게다가 잘생겼다며 감탄하는 사람에겐 감사하다며 인사하는 것이 버릇이 되었다.

집에 가기 싫어요

아무리 길게 산책을 해도 마야는 만족하며 집에 가는 경우가 없다. 지쳤을 텐데도 여전히 밖에서 놀고 싶어서 집에 돌아가는 길에서는 느리게 걷는다. 한번은 집 가는 길이 익숙해진 것 같아 다른 길로 돌아가려 했다. 그런데 집으로 가는 방향인 것을 기가 막히게 알아채고선 뒤처져 오더니 나중에는 집에 가기 싫다고 공원에서 누워버렸다. 마야의 그 모습에 지나가던 분들이 폭소하기도 했다. 평소 산책하다 보호자의 말을 듣지 않는 개를 볼 때면 보호자를 탓했던 나였기에 마야가 이럴 때면 난감하고 창피하기만 하다. 그래도 고집부리는 마야의 모습도 귀여워서 왜 다른 보호자들이 자신의 개에게 단호하게 대하지 못하는지 이해할 수 있었다.

나날이 고집이 심해지는 마야의 문제를 해결하기 위해서 내가 선택한 방법은 산책을 길게 한 번 하는 것보다는 짧게 여러 번 하는 것이었다. 하지만 네다섯 번이나 연속해서 산책을 했음에도 불구하고 마야가

집 가기 싫다고 누워버린 마야.

계속 나가자 졸라대는 통에 내 두 손을 다 들 수밖에 없었다. 결국 짧게 여러 번이 아닌, 긴 산책을 두 번 이상 하니 그제야 마야는 집 가는 길에서도 잘 따라오기 시작했고 집에서도 얌전히 휴식을 취했다.

가끔 매우 힘들게 산책한 날엔 안아달라고 보챌 때도 있다. 겨우겨우 집에 도착하면 지쳐서 바로 곯아떨어지는데 그땐 정말이지 내가 이긴 것 같아 뿌듯하다.

봄비를 맞으며

요 며칠 내내 맑다가 흐리고 비 오는 날이 찾아왔다. 봄비가 내리는 날은 조금 쌀쌀하고 축축한 탓인지 바깥에 돌아다니는 사람이 전혀 보이지 않는다. 하지만 미세먼지가 비에 씻겨 깨끗한 공기를 마실 수 있는 이때를 놓칠 수 없다.

나는 비를 맞으며 마야와 산책에 나섰다. 차가 쌩쌩 달리는 도로를 지나 한적한 공원에 오니 풀이 비를 맞는 소리밖에 들려오지 않았다. 다른 날보다 더 여유로운 기분이 들게 만드는 날씨였다. 하지만 동시에 조심해야 할 것이 많기도 했다. 물에 젖은 흙들은 미끄러워 자칫하면 넘어질 수 있어 위험하고, 평소보다도 털이 더 쉽게 더러워지니 깨끗함은 포기해야 한다. 그럼에도 사람이 없는 공원에서 마야와 산책하는 것은 행복하기만 했다.

비를 맞더라도 그리 세차게 오지만 않는다면 마야의 털이 젖을 거란 걱정은 하지 않는다. 목욕할 때에도 몸을 다 적시기 힘들 정도로 방수가 잘 되는 이중모이기에 아무리 비를 맞아도 한 번 털고 나면 다시 뽀송해지는 신기한 체험을 할 수 있다.

비를 맞아 조금 축축해진 얼굴.

털이 빵실해진 탓에 비에 젖을 일이 없다.

우리 집 막내

내가 개를 기른다고 했을 때 가장 걱정하던 사람은 바로 우리 부모님이었다. 그러나 정작 마야를 만났을 때는 누구보다도 환하게 반겨주셨다. 특히 경상도 산골짜기에서 자라오신 엄마는 진돗개와 같은 큰 개들에 대한 애정이 크셨는데, 마야를 볼 때마다 어릴 적 엄마의 의지와 상관없이 외할아버지에게 이끌려 개장수에게 넘어갔던 개들이 생각나 그리운 느낌이 든다고 하셨다. 처음부터 큰 개에 대한 애정을 가진 것도 어릴 적부터 외할아버지가 기르던 큰 개들이 얼마나 영특하고 멋있는지 엄마에게 익히 들어왔기 때문이다.

물론 모두 다 좋아하지만은 않으셨다. 집 안 곳곳에 마야의 털이 보였기 때문이다. 아무래도 나는 부모님만큼 깨끗하게 청소하는 버릇이 없기도 하고, 또 털에 대해 둔감한 탓이었다. 하지만 그것도 잠시, 마야가 기특하게 말을 잘 듣는 모습에 푹 빠져버리셨다.

이제는 사람들에게 마야 자랑을 하시기도 하고, 내가 자고 있을 때 두 분이서 마야를 데리고 산책을 나서기도 하신다.

큰딸이 대형견을 기른다 했을 때 걱정하시던 우리 부모님.
이제는 남들에게 자랑하고 다니실 만큼 마야를 막내딸처럼 아껴주신다.

마야를 예뻐해 주시는 엄마.

마야는 엄마와 좋은 기억이 생겼는지, 유독 엄마와 비슷한 연령대 분들을 반가워한다.

개가 풀 뜯어 먹는 소리

풀이 파릇파릇하게 올라오자 마야는 풀을 뜯어 먹기 시작했다. 아기 때부터 풀을 곧잘 뜯어 먹곤 했는데 그다음엔 늘 토해서 걱정이 되기도 했다. 다행히 수의사 선생님은 개들이 풀을 뜯고 토하는 것은 종종 있는 일이며 2주에 한두 번 정도면 괜찮다고 했다. 그리고 사실 개는 속이 좋지 않거나 이물질을 삼켰을 때 게워내기 위해 풀을 뜯어 먹어 토하는 것이니 지극히 정상이라고 하셨다. 하지만 뭐든 과하면 좋지 않듯이 풀을 너무 많이 뜯어 먹는다 싶으면 말려야 한다는 말씀도 덧붙였다.

두 살이 넘은 지금은 풀을 뜯거나 나무를 뜯어 먹고 토하는 경우가 드물지만 당시엔 산책하면서 매일 풀을 뜯어 먹는 걸 말리는 것이 일이었다. 어떨 땐 먹지 않고 뜯기만 하는데, 공원에서 그러면 민폐니까 말려야만 했다. 그런데 그렇게 말렸더니 집에서 화분을 뜯는 경우도 있었다. 이러한 이유가 아니더라도 개가 먹으면 안 될 꽃이나 풀이 있으니 조심!

잔디를 너무 먹어 토했으면서 또 먹는다니!

첫 더위

2016년, 마야를 데려오기 전에 여름에 일본으로 여행을 간 적이 있었다. 평소 늘 땀나고 축축한 여름을 싫어해 왔지만, 일본의 더위를 겪고 난 뒤로는 한반도의 여름은 아무것도 아니게 되었다. 하지만 2018년 한국의 여름은 당시 겪었던 일본의 여름과 동일한 수준, 어쩌면 더 했을지 모르겠다. 한반도 역대 최고기온을 달성한 '기록적인 폭염'의 한 해. 그 여름에 마야는 이제 막 8개월이 되어가고 있었다.

점점 날씨가 더워지면서 아직 어린 마야의 건강과 체력에 신경 써야 했고 뜨거운 아스팔트에 발이 화상 입는 일이 없도록 매일 미리 아스팔트에 손바닥을 대봐야만 했다. 그리고 그 해에는 4월임에도 벌써 아스팔트가 뜨거워지기 시작했다. 불과 몇 달 전만 해도 기록적인 혹한의 추위였는데, 4월에 들어서자 무서울 정도로 점점 기온이 상승하고 있었다. 과연 마야와 나는 여름을 잘 버틸 수 있을까?

날이 갈수록 마야의 혀가 점점 더 나오고 있다.

여름 대비

사계절이 있는 나라에서 허스키를 키운다는 것은 여름을 항상 대비해야 한다는 뜻이다. 한 인터넷 카페에선 땡볕에 묶여 지내던 허스키들이 더위 먹고 쓰러졌다는 글이 심심찮게 올라왔는데 볼 때마다 아연실색했다. 이중모인 개를 밖에다 내놓는다는 건 패딩을 입고 땡볕에 있는 것과 다름없기 때문이다.

반면 마야와 같이 실내에서 주로 생활하는 개들은 바깥 더위를 생각지 못하고 나가자 떼를 쓴다. 몇몇 아이들은 실제로 나가면 바깥 공기에 놀라며 집에 들어온다는데, 마야는 더위 따윈 신경 쓰지 않았다. 생각보다 둔한 아이라 오히려 내가 먼저 조심해야만 했다.

여름엔 날이 더우니 뜨거운 햇빛을 피해야만 하고, 그러면 해가 진 저녁이나 해가 뜨기 전 새벽에 주로 산책을 하게 된다. 이렇게 어두울 때 산책을 하면 사진을 예전보다 덜 찍는다는 것 말고는 평소와 다를 바 없는 산책을 할 수 있었다. 하지만 사실 어두워진 공원에서 산책하기란 다소 위험한 일이다. 사람은 물론이고 개조차 잘 보이지 않아 잃어버릴 수 있기 때문이다.

그 후로는 해가 질 때쯤 산책했기 때문에 여름에 찍은 사진은 노을빛 가득한 역광 사진이 대부분이다. 조금 시간이 이르다 싶을 땐 뜨거운 아스팔트나 그늘이 없는 곳은 피하고 비교적 나무가 많은 산으로 자주 가게 됐다.

평소 인조물이 없는 자연 속에서 마야를 찍는 걸 좋아하기도 해서, 많은 사진들이 초록색으로 가득해졌다.

햇님이 퇴근할 시간이라 어둑어둑.

입맛 떨어지는 계절

나는 더운 날씨에는 입맛이 떨어지는 편이라 주로 갈증을 채워주는 마실 것이라던가 간단한 음식 정도로만 끼니를 해결하곤 했다. 마야도 마찬가지였는지 사료를 안 먹기 시작하더니 이틀에 한 번 꼴로 먹게 되었다. 더운 날씨에 체력이라도 좋아야 버틸 수 있을 텐데. 그렇지만 마야에게 밥을 먹이기란 쉽지 않았다. 한참을 마야와 씨름하던 나는 결국 몇 알의 사료를 물속에 넣고 아이스크림처럼 얼려서 급여하는 방법까지 동원했다. 평소 차가운 얼음을 즐겨 먹던 마야는 겨울에 눈 먹듯이 차갑게 얼린 사료는 곧잘 먹었다.

애견카페에 가다

인조물이 없는 자연 속에서 마야와 있는 것을 제일 선호하지만 도시에 있는 것도 나쁘지 않다. 특히 여름에는 뜨거운 바깥보다 차갑고 시원한 실내를 찾게 되었는데, 집은 답답해하는 것 같아 애견카페를 가기로 했다.

주인은 맛있는 음료를 마시고, 개들은 다양한 친구들을 만나고 놀 테니 서로 좋을 것이라 기대했으나 처음 가본 애견카페는 다소 실망스러운 공간이었다. 카페 바닥은 개들이 미끄러워하는 종류여서 개들이 아닌 사람을 위한 공간 같았고, 그마저도 잘 관리되지 않아 코를 찌르는 역한 개 냄새가 났다. 내가 사람 음료수를 마시는 건지, 개 냄새를 마시는지 알 수가 없었다.

개들 사이도 분위기가 그다지 좋아 보이지 않았다. 원래 다른 개들과 만나는 것을 매우 좋아하던 마야도 마치 남의 집에 들어온 것마냥 불편해했고, 사람들은 마야를 매너 없이 아무런 동의도 받지 않고 막 만지려 했다.

결국 마야와 나는 처음 간 애견카페에서 짧은 시간만 있다가 밖을 나왔다. 비록 덥지만 바깥 공기가 몇 배는 더 신선하게 느껴질 정도로 불쾌하기만 한 곳이었다.

하지만 시간이 지나자 이런 곳은 저절로 사람들이 가지 않게 되었고, 지금은 좋은 애견카페들이 많이 생겼다. 어떤 곳은 넓은 잔디와 바깥과 안을 드나들 수 있어서 냄새도 비교적 덜하고 강아지들도 신나게 뛰놀 수 있기도 하고, 비록 넓은 잔디가 없는 실내일지라도 개들이 미끄러지지 않게 시공한 바닥에 위생관리가 잘 되어 냄새가 나지 않는 곳들도 있다. 심지어 더위를 타는 아이들을 위해 수영장이 딸린 곳도 생겨나기 시작했다.

아무래도 애견카페는 사람보다 개를 위한 공간일수록 보호자들의 만족도가 높아지는 것 같다.

다른 개들이 있었음에도 마야는 운동장에서 노는 것만큼 즐거워 보이지 않았다.

시원한 분수대

그렇게 애견카페는 실패한 채 더위를 피할 곳을 또 찾아 헤맸다. 그러다 평소 자주 가던 공원에 분수대가 있다는 것을 알게 되었다. 분수가 매일 작동되기도 하고, 또 안에 들어갈 수 있는 분수대여서 마야와 곧잘 놀러 가게 되었다. 뜨거운 햇볕이 없는 저녁에는 사람들이 공원에 몰려오기 때문에, 우리는 주로 낮에 갔다. 마야는 난생처음 분수대를 보고 상당히 놀랐다. 하지만 몇 번 유심히 관찰한 끝에 들어가 보고는, 시원한 물이 마음에 들었는지 분수대에 재미가 들렸다. 나중엔 말려야 할 만큼 들락날락거리기 시작했다.

분수대에 빠져 무아지경이 된 마야는 어느새 털이 다 젖어 있었다. 마야가 신나게 놀고 나서 털을 털자 그 속에 머금고 있던 물들이 튀어나와 내 옷마저 몽땅 젖게 만들었다. 하지만 날이 너무 더운 탓에 그것도 시원하고 기분이 좋기만 했다. 게다가 털이 다 물에 젖었어도 집에 돌아갈 땐 뽀송하게 다 마른 상태가 되어서 수건을 가져갈 필요도 없

었다.

여름에는 허스키처럼 털이 많은 북방견에게는 분수대 같이 물이 많은 곳이 최고다. 온몸이 젖으면 말리는 새에 체온이 낮아지기 때문에 길게 늘어뜨리던 혓바닥도 보이지 않는다. 덕분에 안심하고 여름을 보낼 수 있게 되었다.

주의해야 할 것은 털이 배수구를 막지 않도록 조심하는 것과 분수대에 놀고 난 후면 물비린내가 나므로 씻겨줘야 한다는 것!

하네스와 리드줄에서도 물비린내가 한동안 빠지지 않아 고생했었다.
반드시 모두 잘 말려야 한다.

첫 털갈이가 왔다

이중모인 견종을 키우니 털갈이 얘기가 빠질 수 없다. 연일 이어지는 더위에 드디어 마야의 털들이 빠져나가기 시작했다. 말 그대로 털갈이는 폭풍 같았다. 털갈이가 오기 전에는 폭풍전야처럼 정말 평화롭다. 생각보다 털이 빠지지 않는다. 털갈이를 겪은 뒤라 평소 빠지는 털을 애교 수준이라 생각하는 거 아니냐고 할 수도 있겠지만, 정말로 아예 빠지지 않는다.

겨울에 계속 자라나는 털 덕분에 복슬복슬해졌을 때가 마야가 가장 멋있을 때다. 그렇게 한창 멋들어진 모습을 보여주다 어느새 날이 따듯해지면 털이 스멀스멀 날리기 시작한다. 털갈이의 시작인 셈이다.

물론 허스키라고 소형견이나 고양이들의 털갈이와 특별히 다를 것은 없다. 다만 대형견이라 더 크고 더 많을 뿐이다. 청소기로 하루에 두세 번 돌려야 그나마 깨끗함을 유지할 수 있을 정도였고, 패브릭 제품

지금 보면 이만큼 나오는 것도 애교 수준. 매일 이만큼씩 엉덩이에서 털이 나온다.

은 되도록 마야가 없는 방 안에 격리해야 했다. 그런 갖은 노력에도 불구하고 털에서 벗어나는 건 힘들었다. 마야가 추위를 견디게 해주던 털들이 마야 몸만큼 빠지니 어쩔 수 없다. 하지만 그렇게 털과의 전쟁을 끝내고 나면 마야의 몸이 제법 가벼워진다. 그저 이 과정이 끝나길 기다릴 뿐.

겨울 동안 올라온 속털이 봄 내내 빠졌고, 여름엔 겉털이 빠졌다. 마야는 실내에 주로 있다 보니 바깥의 온도에 맞추지 못하고 뒤늦게 털갈이를 하는 경우도 더러 있었다. 가장 털이 많아야 할 겨울에 속털이 다 나지 않은 채로 지냈던 경우도 있었고 더울 때 털이 안 빠져 더위에 지치지 않도록 에어컨을 상시 틀어야 했던 적도 있었다. 두 상황 모두 난감하기 그지없다.

사실 앞서 말한 털과의 전쟁은 마야를 기르기 전부터 어느 정도 들어 알고 있었기에 딱히 놀라지는 않았다. 정작 힘든 건 따로 있었다. 털이 없으면 마야는 꽤나 날씬해지는데, 이 때문에 지나가는 사람들에게 개가 말랐다며 견주 탓하는 소리를 더위만큼 질리도록 먹은 것이 도리어 억울했다. 병원에서는 정상이라 하는데도 지나가는 사람들이 더 잘 안다는 듯 말하는 게 제일 싫었다.

어차피 지나갈 여름, 그런 소리 무시하면 그만인데 그러지 못하고 마야에게 이것저것 먹여보려 한 적도 있었다. 하지만 마야가 그런 내 마음을 알아줄리 없다. 가벼워진 몸으로 이리저리 날쌔게 다니는 재미를 맛보더니 밥을 안 먹는 날만 많아졌다. 그야말로 마야에겐 밥보다는 운동이었다. 이런 개에게는 끌려가지만 않아도 다행일 지경이다. 지칠 줄 모르는 강아지에게 브레이크를 걸어주는 것만으로도 벅찬 여름이었다.

털이 많이 빠져 한껏 가벼워 보이는 마야.

대신 방수가 되지 않아 털이 쉽게 젖었다.

다시 돌아온 마야의 계절

더위가 가시지 않은 입추였다. 겉보기엔 좋은 날씨였지만 미세먼지는 계속 최악이었다. 늘 그렇듯 미세먼지의 심각함을 모르는 개는 나가자고 아우성이다. 결국 어김없이 집 밖에 나가 바깥공기를 쐬어야만 했다. 마야는 몇 번을 나가도 지친 기색 없이 여전히 나가길 좋아했다. 개에게 한 살은 아직 한창일 때. 놀고 싶은 욕구가 강해서 밖에만 나가면 하도 달리는 통에 내 카메라가 제대로 초점을 잡은 적이 거의 없을 정도였다.

갈수록 세지는 마야의 힘은 내가 감당하기 어려웠고, 결국 카메라를 놓치고 말았다. 당연히 카메라는 고장이 나 쓸 수 없게 되었고, 수리비 때문에 나는 쓰디쓴 지출을 겪어야 했다. 그런데 신기하게도 이 한 번의 수난을 겪고 나자 어째서인지 마야가 앉아서 기다려주기 시작했다.

마야의 한 살 생일.
때마침 나의 카메라는 고장 났다.

마야가 기다려주기 시작하면서 사진을 다양하게 찍어볼 수 있게 되었다. 몇몇 새로운 시도를 해보기도 했는데, 결과가 좋았다. 그런데 그것도 잠시, 마야가 가끔은 무슨 생각을 하는지 알 수 없을 정도로 얌전해졌다.

집에선 꼭 가구처럼 얌전하고 조용해서 어디 있는지 찾아야 할 정도였고, 밖에선 우다다 뛰어다니는 일이 줄어들었다. 산책길에서는 이래저래 여기저기 쏘다니며 흥분하곤 했었는데, 이제는 내 옆에서 나란히 걸어가기 시작했다.

너무도 달라진 모습에 '내가 너무 얌전떨기만을 바랐나?'라고 걱정되는 지경에까지 이르렀다. 아무래도 예전 마야의 활기찬 모습으로 돌아가야만 할 것 같았다. 이제 막 한 살이 된 마야에게는 어울리지 않는 행동이었다.

마야를 알던 지인들도 마야가 다른 개들과 놀지 않으니 이상하게 여겼다. 병원에 가도, 산책을 자주 나가도 아무런 사고를 일으키지 않았다.

어쩌면 마야가 얌전한 것이 내게 낯설기만 해서 그렇게 느껴진 걸지도 모르겠다. 장난스러운 모습으로 우다다 뛰어다니고 여기저기 들쑤시고 다니던 새끼 때 모습이 인상에 강하게 남아버려서일지도 모른다. 하지만 어떤 부분은 서서히 의젓하게 변한 반면에 어떤 부분은 예고 없이 갑자기 변해버렸다. 그렇게 변한 마야는 내 성격을 점점 닮아가고 있었다.

전문가들이 반려견의 성격은 보호자를 닮는다고 하더니, 정말로 그랬다. 성격뿐만이 아니었다. 내가 행복하지 않으면 마야도 마찬가지였고, 반대로 마야가 행복하지 못하면 나도 그러했다. 마야의 기운 없이 얌전한 모습은 왜인지 나까지 얌전하게 만들어버린다.

일하고 뒤돌아보면 마야는 늘 얌전히 자고 있다.

낯선 곳이어도 강아지 때부터 쓰던 켄넬을 가져가면 편하게 잘 들어갔다.
하지만 마야의 몸은 이제 많이 커져서 더 큰 켄넬을 사야 했다.

찾아온 변화

그간 마야의 예쁨을 담아내기 위해 고군분투하던 내 카메라가 고장 난 것과 동시에 또 다른 변화가 생겼다. 이사를 한 것이다. 마야와 1년을 살고 나서 이사한 곳은 전에 살던 집에서 그다지 멀지 않은 곳이었는데, 전의 집에 비하면 층간 소음에 신경을 덜 쓸 수 있었다. 이삿짐을 옮길 때도 마야의 방해가 있었다는 것 빼곤 순조롭게 잘 진행됐고, 나중엔 마야도 켄넬에서 잘 자는 듯했다.

새로운 산책로를 익히는 것만 해도 바쁜 하루를 보내던 어느 날이었다. 마야가 이전과 달리 문제 행동을 보였다. 환경이 나아졌으니 좋아할 것이라 생각했는데, 사실 마야에겐 그 누구보다도 적응하는 시간이 필요했던 것이다.

바로 그 문제 행동이란 마야가 짖게 되었다는 것이었다. 저희 집 개는 전혀 짖지 않는다며 집주인께 안심시키고 당당히 들어왔는데 첫날부터 짖기 시작하는 것이 아닌가. 베란다에서 지나가는 사람을 보며 짖는 마야의 모습에 나는 무척 당황했다. 그래도 가만히 있을 때가 아니었다. 마야의 행동을 관찰하며 바로 고쳐야 했다.

원인은 간단했다. 베란다에서 바깥 구경하게 놔둔 탓에 집 앞을 지나가는 사람들을 보고 자극이 되어 짖게 된 것이었다. 또 한 가지, 그때 알게 된 사실은 마야는 나와 친분이 있는 사람과 없는 사람을 구분한다는 것이었다. 낯선 사람이 와서 내가 허둥지둥해하면 그 사람을 보며 짖었다.

그 이후로 당장 베란다 창문을 닫고 마야가 오지 못하게 몸으로 막아선 후, 강아지 때처럼 집 안 산책을 여러 번 해줬다. 산책을 나갈 때에도 곧장 공원을 향하지 않고 현관문에서 계단, 그리고 건물 앞 정도를 왔다갔다하며 새 집에 적응시켜갔다. 그렇게 하니 마야의 문제행동은 반나절 만에 개선되어 다시 조용한 마야로 돌아갔다.

당황스러웠지만 이런 일을 겪고 대처하면서 마야에 대해서 좀 더 잘 알아갈 수 있었다.

낯선 장소에선 나만 졸졸 따라다니는 마야.

기온이 낮아질수록 마야의 체력이 돌아오고 있었다.

마야의 짝사랑

드디어 카메라가 고쳐졌다. 고친 카메라로 사진들을 여러 장 찍고 나자, 어느새 날이 점점 시원해지고 단풍이 들기 시작했다. 날이 시원해지자 마야는 다시 활기찬 모습으로 돌아갔다. 마야는 얌전해졌던 게 아니라 그저 더위에 지쳤던 거다. 그렇게 걱정했는데 고작 그런 이유였다니……. 그래도 다행이었다. 하지만 때마침 돌아온 체력에 더 불을 지르듯, 이사 온 곳에 마야를 매우 자극하는 무언가가 생겼다. 바로 길에 돌아다니는 고양이였다.

집 건물 바로 앞에 건물 사람이 아닌 외부인이 고양이 밥그릇을 놓고 사료를 주고 있었다. 그 때문에 밥을 먹으러 오는 고양이와 마야가 마주치게 되었다. 그전까지 마야는 고양이를 만난 적이 거의 없었다. 고양이와 마주친 순간, 둘 다 흥분 그 자체였다. 고양이는 다가오지 말라며 하악 소리를 내며 경고하고 있는데, 마야는 호기심에 가까이 가겠다고 고집을 피워댔다.

친구들과 카페 야외 테라스석에서 수다 떨고 있어도 얌전히 기다려주는 마야.

체력이 돌아온 마야가 고양이를 보고 갑작스럽게 달려간 순간의 그 힘이란. 정말 무시무시했다. 마야는 20kg밖에 안 되는 다소 아담한 체형인데도, 마야가 갑자기 팍 튀어나가자 줄을 잡고 있던 내 목뼈가 뒤로 확 젖혀졌다. 정말 아찔한 경험이었다. 얼핏 작아 보이는 체구에서 나오는 힘이 어마어마했다.

그렇게 마야가 갑작스레 뛰쳐나간 탓에 고양이는 놀라 마야를 공격했고, 이후 마주칠 때마다 마야를 앞발로 때리려 했다. 물론 마야는 공격적인 모습으로 고양이에게 다가간 것은 아니었다. 심지어 놀자는 신호를 보냈지만 고양이에겐 그저 공포 그 자체에 불과했다. 결국 내가 알아서 되도록 고양이를 피해 다녀야 했다.

하지만 내가 이 건물에 거주하게 된 이상 집 앞에 자리 잡은 고양이를 완벽히 피하기는 사실상 불가능했고 어쩔 수 없이 밥을 주는 캣맘분과 대화를 할 수밖에 없었다. 그렇게 고양이가 조금 양보하여 밥을 급여하는 공간을 바꾸었고, 서로 조금이나마 반응을 덜 할 수 있도록 보호자들끼리 노력하기로 했다.

고양이가 오는 곳은 바로 집 앞이라 산책 방향을 달리하기는 힘들었다. 그래서 고양이가 밥을 먹는 시간을 정해두고 그 시간을 최대한 피했고, 행여라도 마주치게 되면 우리는 마야를, 상대방은 고양이의 시야를 막으며 서로 자극이 되지 않게 하면서 집으로 신속히 들어갔다. 그 결과 고양이가 마야를 공격하는 일이 사라졌고, 마야 또한 반응을 덜하기 시작하면서 고양이를 향한 짝사랑이 마무리되었다.

나와 산책해서 즐거워 보이는 얼굴.

대답은 잘해요

마야가 "짖어"를 배우고 난 후 한 가지 버릇이 생겼다. 내가 마야에게 말을 걸 때 대답을 하는 것인데, 특히나 "~까?" "~어?"로 끝나는 의문형에 대답을 한다는 것이었다. 게다가 "산책"이라는 단어가 나오면 의문형일 것 없이 곧바로 대답하는 것은 물론이고, 이제는 밥과 간식이라는 단어도 알아듣는다.

정말 신기하게도 같은 의문형인데도 자기가 싫은 것엔 대답을 하지 않는다. 이를테면 목욕이 그렇다. "목욕할까?"라고 하면 절대 대답하지 않는다. 그렇지만 처음부터 이랬던 것은 아니다. 마야는 처음엔 단어의 의미도 모르고 무조건 대답부터 한 다음, 경험을 통해 그게 무슨 말인지 학습을 했다.

예를 들어 "산책할까?"와 "목욕할까?"를 구분하지 못할 때에 산책이라는 말에 대답을 하면 산책을 나갔고, 목욕이라는 단어에 대답하면

마야가 가장 좋아하는 말은 "산책 갈까?"

목욕을 했다. 그랬더니 나중에는 목욕하자는 말에 대답을 하지 않았고 산책하자는 말에만 반응을 보인 것이다.

재밌는 것은 마야는 목욕을 자주 하지 않는 편이라 목욕이라는 단어를 까먹을 때가 있다. 그때 "목욕할까?"라고 물으면 다시 대답하기도 하는데, 그랬다가 목욕을 당하고 나면 다시 기억을 해낸다. 그러고 나면 또다시 '목욕'에는 대답을 하지 않는다.

반대로 간식과 산책은 매우 좋아한다. 한 반려견 행사에서 사진사 분이 마야 사진을 찍으려고 간식을 들고 있다가 무심코 "먹고 싶어? 줄까?" 하고 물었더니 마야가 냉큼 "웡!" 하고 크게 짖어 사람들이 웃은 적이 있다.

흐리나 맑으나 비가 오나 눈이 오나 꾸준히.

단풍이 왔다는 건 마야의 겨울털이 준비되어야 한다는 뜻.

다채롭게

 가을은 마치 마야의 눈처럼 난색과 한색이 어우러지는, 다채로운 계절이다. 천고마비의 계절답게 하늘이 맑아 산책을 부르는 날씨다. 게다가 종종 불어오는 차가운 바람이 마야를 더욱더 즐겁게 만들어줬다. 시원한 바람을 느끼려 고개를 들고 코를 높이 들며 다니는 모습은 꽤 귀엽다.

 기온이 낮아질수록 단풍들이 땅에 내려앉기 시작했고, 동시에 마야의 발걸음도 가벼워져만 갔다. 낙엽을 밟으면 바스락거리는 소리가 나는데 이 소리가 즐거운지 새끼 때처럼 우다다 뛰어다니며 장난치기도 했다. 더위에 지쳐 우울했던 마야를 겪은 다음이라 그런지 마야의 통제 불가능한 모습도 반갑기만 했다.

낮은 각도에서 찍으면 마야 너머로 보이는 풍경을 담을 수 있다. 예쁜 하늘도 보인다.

높은 각도에서 찍으면 예쁜 색으로 물들어 바닥에 떨어진 낙엽과 함께 마야를 찍을 수 있었다.
강아지의 눈높이에 맞춰 찍어도 잘 나오게 해주는 망원렌즈의 위력.
나의 사진을 살려주는 일등 공신은 마야의 외모다.

로우앵글에 맛 들리다

마야 사진을 찍은 지도 1년이 되었다. 그러다 보니 어느새 점점 욕심이 생겨났다. 원래 내가 쓰던 카메라는 캐논 중급기 dslr 60d로, 빠르게 움직이는 마야를 찍기엔 역부족이었지만 얌전한 모습을 찍을 때는 나쁘지 않았다. 그래서인가 장비에 대한 욕심보단 사진을 더 잘 찍고 싶은 의욕이 생겨났다. 특히 매번 같은 구도로 찍게 되는 것이 불만이었는데, 내가 아무리 숙여서 찍어 봐도 더 낮은 각도에서 마야를 찍기란 힘든 일이었다.

높은 곳에서부터 마야를 찍는 것과 낮은 곳에서부터 찍는 것은 느낌이 전혀 다르다. 엎드려서 사진을 찍어 보면 사진 속에 배경이 가득하게 채워진다. 그 꽉 찬 느낌이 좋아 로우앵글 사진에 빠져들게 되었다.

그러다 힘들게 엎드려서 사진을 찍는 내 모습을 본 어떤 분이 '앵글

파인더'를 추천해주었다. 처음 접한 장비였는데, 그야말로 신세계였다. 굳이 엎드릴 필요 없이 그냥 앉아서 찍는데도 엎드린 것보다 더 낮은 각도에서 찍을 수 있었다. 더 이상 바닥에 눕지 않아도 배경이 가득한 사진들을 얻게 되니 절로 신이 났다. 그래서 점점 더 사진 찍는 날이 많아졌다.

로우앵글의 사진을 얻기 위해 구매한 앵글파인더를 단 모습.

우유껌 사건

평소 나는 마야가 사료를 다 먹으면 간식을 챙겨준다. 어느 날은 하얀색 가죽처럼 생긴, 돌돌 말린 우유껌을 주었다. 평소 흔히 개들이 먹는 하얀색 우유껌보다 10배나 큰 것으로, 대형견용이라며 선물 받은 것이었다. 제조산이나 성분이 미심쩍었지만 선물 받은 것이기도 했고 큰 간식을 버리긴 아까웠다.

나는 마야가 사료를 잘 먹지 않을까봐 간식을 그리 후하게 주는 편이 아니다. 그래서인지 마야는 간식이라면 웬만한 건 다 좋아한다. 그날도 내가 준 우유껌을 아무런 거리낌 없이 다 먹었다. 그다음에는 자연스럽게 마감을 하고 있는 내 뒤에서 잠을 청했다.

그런데 그날 새벽에 마야가 낑낑대는 소리가 났다. 뒤돌아보니 마야는 두 앞발로 얼굴을 긁으며 낑낑대고 있었다. 알레르기 반응이 일어나 간지러워 그러는 것이었다. 개에도 각자 맞지 않는 음식이 있고, 그런 음식을 먹으면 알레르기 반응을 보일 수 있다. 이런 알레르기 반응은 시간이 지나면 자연스레 나아지기도 한다. 하지만 마야는 갈수록 얼굴이 부으면서 눈조차 뜨기 힘들어 보였다. 얼굴이 퉁퉁 부은 모습을 본 나는 당장 먹였던 간식과 마야를 데리고 24시간 병원으로 향했다.

수의사 선생님께서는 개의 알레르기 반응은 종종 있는 일이고, 이런 일로 죽는 경우는 없으니 안심하라고 하시면서 바로 약을 투여해주셨다. 마야가 먹던 간식을 보여드리자 보증된 제조공장에서 만들어진 것이 아니면 일단 의심해봐야 한다고 하시는 게 아닌가.

나는 정보 공유를 위해 SNS에 글을 올렸다가 나와 같은 경험을 한 보호자들을 볼 수 있었다. 마야처럼 붓거나 혹은 설사하는 경우도 있었다고 한다. 보호자가 직접 만드는 간식이 아니면 다 주의해야 한다고도 했다.

다행히 주사를 맞자 마야의 붓기는 가라앉았다. 나는 집에 돌아오자마자 성분이 적혀 있지 않거나 제조과정이 의심스러운 것, 유통기한이 얼마 남지 않은 건 아끼지 않고 싹 다 내다버렸다.

우유껌을 먹고 얼굴이 퉁퉁 부어 주사를 맞고 진정된 마야…….
언니가 미안해.

자다 일어나서 나와 눈이 마주친 마야.

나처럼 아침잠이 많은 편.

마야의 카밍시그널

최근 강아지의 언어라 불리는 '카밍시그널'을 정리한 저서가 출판되었다. 만화책만 늘 읽는 내가 그림이 아닌 글이 가득한 책을 읽는 경우는 1년에 다섯 번이 될까 말까 할 정도다. 하지만 개를 기르고 나서부터는 개에 관한 책은 꾸준히 사서 읽는다. 그래서 그 책이 나오자마자 냉큼 구매했다.

카밍시그널은 강아지가 보호자에게 보내는 일종의 신호인데, 그중에는 두려움을 나타내는 것도 있다. 그래서 보호자는 강아지의 카밍시그널을 신경 써야만 한다.

마야도 카밍시그널을 줄곧 써 왔다. 내가 아닌 다른 사람이 명령할 때는 시선을 회피하며 불편하다는 것을 드러내기도 하고, 원치 않을 때 만질 경우에는 고개를 돌리거나 혀를 낼름거리며 그만두길 바란다는 신호를 보냈다. 또 카밍시그널 중에는 꼬리가 말리는 것이 있는데

이는 강아지가 두려워한다는 뜻이다. 다행히도 마야는 꼬리가 말린 적은 드물었다.

마야가 가장 많이 보내는 신호는 따로 있었다. 바로 바닥에 고개를 숙이고 냄새를 맡는 것이다.

우리는 비교적 대형견보다 소형견이 많은 곳에 살기 때문에 작은 강아지와 자주 마주친다. 그때마다 개들은 마야에게 맹렬히 짖곤 했다. 얌전히 냄새 맡으며 인사해주는 소형견은 정말 소수다. 그렇게 자신을 경계하는 소형견을 마주하면 마야는 늘 바닥에 고개를 숙이고 냄새 맡는 시늉을 하곤 했다.

후에 책을 통해 알게 된 것인데, 이는 카밍시그널 중 하나로 상대 개한테 싸울 의도가 없다는 것을 알려주는 의미였다. 마야는 그동안 자신에게 짖는 개들에게 진정하라고 카밍시그널을 해온 것이었다.

새로 생긴 작은 친구들

내가 개를 기르면서 주변 사람들에게 개에 대한 좋은 이미지를 심어 준 덕인지 지인들 중 개를 기르겠다는 사람들이 나타났다. 하긴, 내가 마야 자랑을 좀 적당히 했어야 했는데 어디 그게 쉽게 되냔 말이다. 어쨌든 덕분에 귀엽고 앙증맞은 새끼 강아지가 두 마리나 집에 놀러 오게 되었다. 그러나 마야가 귀여운 강아지들과 평화롭게 놀 것이라는 내 기대와 달리, 조금도 평온하지 못한 날이었다.

마야는 어린 강아지를 처음 보는 것이라 흥분했다. 그래서 과격하게 행동하는 바람에 하마터면 강아지들이 다칠 뻔했다. 게다가 마야는 먹을 것과 장난감에 집착하며 같이 놀자고 다가온 강아지들에게 양보는커녕 입질을 하는 게 아닌가! 결국 치와와인 '탄이'가 상처를 입고 말았다.

개의 본성을 좀 더 알았다면 충분히 예상할 수 있던 상황이었다. 모두 강아지들이 평화롭고 사이좋게 놀기를 바랐던 내 욕심에서 비롯된 사고였다. 미안해하는 나에게 탄이 보호자 분은 탄이를 간식 먹고 있던 마야에게 다가가게 한 자신의 잘못이라며 도리어 나를 위로해주었다.

어릴 때부터 집단생활을 해온 허스키들은 사료를 한 그릇에 다 같이 먹는다거나 간식을 나눠 먹는 일도 있다지만, 마야 같은 경우에는 아주 어릴 때 이후로는 늘 혼자였기에 먹을 것을 다른 누군가에게 양보해야 할 일이 없었다. 그래서 나눠 먹는다는 것 자체를 이해하지 못했던 것이다.

결국 "기다려" 교육과 함께 다른 개들이 간식을 다 먹은 후 자신의 차례가 온다는 것을 알려주어야만 했다. 그제야 다른 아이들과 나란히 앉아 간식을 먹을 수 있게 되었고, 다른 개들이 먹고 있는 것을 뺏는 일이 없어졌다.

또 마야가 작은 강아지에게 거칠게 행동할 때면 내가 마야와 강아지 사이를 가로막아 마야에게 안 된다는 것을 알려주어야 했다. 마치 사람들이 싸울 때 중간에 가로서서 막듯이, 강아지들 사이에서도 싸움을 막기 위해서는 가로막는 행동이 필요하다. 이 행동은 놀다가 흥분이 과해졌거나 해서 싸우는 개들 사이를 막으며 중재하는 역할을 한다. 그다음도 사람한테 하는 것과 비슷하다. 중재를 하면서 계속 진정시켜줘야 한다. 이렇게 몇 번 제지하니 다행히도 마야가 아기 강아지에게 거칠게 대하는 경우가 줄어들었다. 더 시간이 지나자 큰 개들과 놀 때와는 달리 힘을 조절하여 강아지와 놀곤 했다.

 웬만큼 다 가르쳤다 생각해도 늘 새로운 문제가 나타나기 마련이다. 그러니 개를 교육하는 것은, 어쩌면 평생 해야만 하는 일일지도 모른다.

강아지 '마초'.
마초는 처음엔 마야만 보면 짖을 만큼 싫어했지만 나중에는 몸을 붙여 잘 정도로 친해졌다.

작고 귀여웠던 마초.

치와와 탄이

치와와인 탄이는 처음으로 마야가 물어서 상처를 입힌 아이다. 하지만 지금은 단짝이 되어버렸다. 매일 대형견만 보다 보니 아주 작은 치와와를 마주했을 때는 신선했다. 몸집이 작기 때문에 오히려 생기는 장점들이 많았고, 이전까지 소형견의 매력을 몰랐던 나에게 탄이는 중대형견과는 또 다른 매력을 알게 해주었다. 하지만 동시에 작아서 조심해야 할 부분도 많았다. 예를 들어 탄이가 자기 몸무게의 10배나 달하는 마야에게 발이 밟힌 적이 있었다. 천만다행으로 크게 다치지는 않았지만 그 뒤로는 둘이 분리를 해놓거나 아니면 계속 지켜보고 있어야 했다.

탄이가 건강히 다 자랄 때까지 마야와 잘 지낼 수 있도록 정말 무던히도 노력했다. 다행히 지금은 서로 친한 친구가 되었다. 마야는 탄이에게는 힘을 조절하며 살살 놀아주고, 심지어 다른 개한테는 절대 보여주지 않는 배까지 보여주며 챙겨준다. 이것은 개들만의 카밍시그널

인데, 배를 보여줌으로써 '나는 공격할 의사가 없다!'라는 뜻을 전달하는 것이다. 이러면 겁을 먹던 다른 개들이 안심하며 다가오기도 한다. 탄이도 마야 덕분에 큰 개에게 익숙해져 다른 중대형견들을 만나도 사교적으로 냄새를 맡으며 인사를 잘 한다.

그간 큰 개 하고만 놀면서 작은 개와 노는 법을 몰랐던 마야가 살살 노는 법을 알게 되면서, 탄이만이 아닌 다른 소형견과도 잘 놀게 되었다. 하지만 소형견과 중대형견이 동시에 있으면 주로 대형견들과 놀곤 했다. 아무래도 힘을 조절해 놀아줘야 한다는 사실을 알고 있어서 그런 것 같다. 덕분에 소형견을 다치게 하면 어쩌나 하는 걱정을 한시름 놓을 수 있었다.

계절이 주는 선물

한 살이 되는 동안 마야의 성장 폭은 매우 컸다. 3.6kg이었던 강아지는 온데간데없고, 다 자란 큼직한 마야가 어느새 내 앞에 자리 잡고 있었다. 마야가 다 자라고 나니 추위는 이제 걱정이 아닌 기대로 변했다. 그래서 마침내 온 겨울이 반가웠다. 기온의 변화에 새로운 계절을 준비하는 것은 사람이나 동물이나 마찬가지다. 마야도 바뀐 기온에 몸부터 먼저 반응했다. 사람들이 패딩을 꺼내는 것처럼 마야의 몸도 속털이 점점 자라났다.

내가 기다린 것은 추위만이 아니었다. 바로 겨울에만 볼 수 있는 눈을 나는 손꼽아 기다렸다. 그 바람에 답이라도 하듯, 눈이 내렸다. 그해 겨울은 유달리 따뜻해 바깥에는 아직도 초록색이 남아 있었는데도 말이다. 눈이 내리는 것을 확인하자마자 우리는 카메라를 들고 곧장 밖으로 나갔다. 그날 찍은 사진을 보면 유달리 마야의 표정이 다양하고 선명하게 나타난 것을 볼 수 있다. 마치 눈 위에 달리기 위해 태어난 것 같았다.

보이는 게 다가 아니다

날이 추워지자 마야도 기운을 차렸다. 힘이 넘쳐서인지 바삐 움직이는 동물들을 쫓기 시작했다. 그때 찍은 사진 중에서 먼 산을 바라보는 듯한 마야의 모습이 찍힌 사진들이 있다. 이건 모두 어김없이 움직이는 동물을 향해 시선을 보내고 있는 모습을 찍은 거였는데, 이 사진을 본 사람들에게서는 재밌게도 분위기를 아는 개란 말을 들었다. 이런 멋진 사진 뒤엔 동물들을 쫓아가지 않게 하려고 콜링 교육에 힘쓰고 있는 내 모습이 있다는 사실……. 역시 사진과 현실은 다르다.

나무꾼 마야

마야는 어릴 때부터 나뭇가지를 물고 이리저리 뛰어다니는 걸 좋아했다. 그래서 가을과 겨울이면 떨어진 낙엽 사이에서 나뭇가지를 찾아내기 바쁘다. 어떤 날에는 욕심을 부려 자기 몸집보다 큰 나무 장작을 들고 다니더니 지나가는 사람들에게 회초리 휘두르듯 다녀서 사람들이 모두 빵 터지기도 했다.

나뭇가지를 앙 물고 다니는 얼굴도 귀엽다. 내가 "가져와"를 가르치기 전까진 뭔가 물고 다니는 일이 드물었기 때문인지, 볼 때마다 사랑스러웠다. 마야의 가장 귀여운 사진을 고르라면 나뭇가지를 물고 있는 사진을 고를 정도다.

마야는 한번 문 나뭇가지는 질리도록 가지고 놀다가 놓아버리는데, 가끔 집까지 가져가는 경우도 있다. 바깥에서 산책하다 말고 엎드려서 나뭇가지를 앞발로 붙잡고 껍질을 벗기고 놀기도 하고, 스스로 던지고 물고 가져오고 우다다 뛰어놀며 나뭇가지를 야무지게도 가지고 논다. 그래서 지인들이 '나무꾼 마야'라는 별명을 붙여주었다.

조금 어렸을 적에도 자기 다리보다 큰 나무를 물고 다니곤 했다.

목욕하고 난 뒤 마야의 털은 반듯한 느낌이다.

아직 경험하지 못한 것

평소 석 달에 한 번 목욕을 시킨다. 그리 자주 목욕시키는 편이 아니라 젖는 것에 거부감을 느낄까봐 물에 대한 사회화 교육을 열심히 한 기억이 난다. 그 덕택에 눈을 비롯한 밖에서 접하게 되는 물을 좋아한다. 바다와 냇가, 분수대를 비롯해 어떤 물이든 젖는 것에 망설임이 없다. 다만 좋아하는 우선순위가 있다. 바다보단 수영장을, 수영장보단 냇가를 더 선호한다.

바다에 가면 사람들이 밀려들어오는 파도를 피하는 모습을 볼 수 있다. 마야도 똑같았다. 요리조리 파도를 피하다가 처음 보는 바닷물을 한 모금 마셔보더니 화들짝 놀랐다. 그 이후엔 발을 담그는 정도로만 놀았다. 마야는 바닷물보다는 모래사장을 더 좋아했다. 모래사장 위를 이리저리 뛰어다니며 냄새를 맡고, 모래를 파기도 했다. 바다를 한 번도 본 적 없던 개가 바다를 즐기는 모습은 보는 나까지 신이 나게 한다. 또 마야와 함께 바닷가를 산책하는 경험은 색다른 즐거움이었다.

2019년 1월 초 바다.

마야가 싫어하는 것과 좋아하는 것을 알아내고, 마야가 아직 경험하지 못한 것을 찾는 것은 어느 순간 나에게 숙제처럼 다가왔다. 산책도 마찬가지였다. 아직 가보지 못한 루트를 알아내고 새로운 곳을 찾아내야 했는데, 이건 마야에게도 나에게도 즐거운 일이었다.

물론 비록 늘 같은 길을 가더라도 마야에겐 늘 새로웠다. 늘 지나가던 곳에 놓인 모든 것들, 이를테면 다른 개, 새로 떨어진 낙엽, 어제 온 비 등등······. 그중 어느 것도 어제와 똑같은 냄새를 풍기는 것이 없었다. 마야는 어제와 또 다른 냄새를 실컷 만끽하곤 했다.

하지만 이따금 마야가 다른 개들과 놀고 싶어 할 때 놀지 못하게 하면, 앞서 즐겁게 산책했던 것이 무색해지게 기분 나빠 하곤 했다. 그럴 때면 일부러 한동안 다른 개와 놀도록 해줘야만 했다. 원래는 그럴 때마다 반려견 놀이터를 가곤 했지만 이사한 후로 놀이터가 멀어진 탓에, 다른 개들과 놀고 싶을 때 놀 수 있게 해주는 건 또 다른 숙제가 되었다.

그래도 나는 운이 좋았다. 이사한 곳에서도 마야와 놀아주는 고마운 친구들이 금방 생겼다. 우리는 길동이와 동백이를 알게 되었다. 지금도 마야의 소중한 친구가 되어주는 아이들이다. 마침 두 아이 다 마

반려견 놀이터에 가면 마야와 같은 체급인 아이들과 쉽게 만날 수 있다.

장난기 가득한 마야.

야 또래여서, 둘 다 마야와 질리도록 놀아주었다.

마야에게 친구들이 생기면서 이전에는 볼랐넌 모습을 볼 수 있었다. 다른 개들과 충분히 놀지 못하면 마야는 넘쳐나는 에너지를 주체 못하고 거칠게 놀자고 몰아세우는데, 이게 소심한 친구들에겐 다소 부담스러운 수준인데다가 과격해서 다른 개들이 싫어한다. 또 외동이나 다름없이 커온 마야는 간식을 나눠 먹는다는 것도 잘 이해하지 못했고, 자존심이 높은 편이라 강압적인 태도도 보이곤 했다. 그래서 마야를 싫어하는 아이들이 생겨나 나는 새로운 친구를 만날 때마다 긴장을 감출 수 없었다. 하지만 마야와 잘 놀아주는 친구들 덕분에 마야의 강압적인 모습은 사라질 수 있었다.

친구들 중에서도 마야와 같이 과격하게 노는 아이들이 있는가 하면, 반면에 마야를 잘 조율해주는 아이도 있었다. 길동이와 동백이가 그러했다. 마야가 다소 과격해지면 한발 물러나 마야가 진정할 때까지 기다리다 다시 천천히 놀기 시작했다.

사람만이 개에게 모든 것을 가르쳐주는 게 아니었다. 같은 개들과 놀면서 배우는 것도 많았다. 물론 좋은 것과 나쁜 것 구분 없이 다 배우긴 한다. 그럴 땐 보호자로서 어떤 행동이 좋고 어떤 행동이 나쁜지 구분하고 제지해가며 놀게 해줘야 했다. 어딘가 딱딱하게 느껴질지 몰라도, 정해진 틀 안에서 놀게 해주는 건 어느 누구도 다치지 않기 위함이었다. 그리고 이런 약속들이 개가 사람들과도 잘 지낼 수 있도록 해준다.

또 나는 그저 마야의 친구를 만들어주려 했을 뿐인데, 뜻하지 않게 소중한 인연들을 맺기도 했다. 나이도 직업도 다 다르지만 개를 키운다는 공통점이 우리를 이렇게 묶어주었다. 평소 자신과는 연이 없을 거라 생각한 이들과도 개 덕분에 이렇게 이어질 수 있다.

마야의 친구 동백이와 길동이.

친구와 만나지 못하는 날에는 집에서 갖고 놀던 장난감을 바깥에 가져갔다. 마야에게 집은 주로 휴식하는 공간이어서일까? 강아지 때를 제외하면 집에서는 그리 과격하게 놀지 않았다. 그러나 똑같은 장난감이어도 산책을 할 때면 얘기가 달라진다. 집 안에서 터그 장난감을 무는 힘과 집 밖에서 터그 장난감을 무는 힘은 차원이 달랐다. 장난감을 잡은 팔에 힘이 바짝 들어갈 정도로 있는 힘껏 강하게 잡아당겨야만 했다. 그렇게 마야와 한바탕 놀고 나면 추운 겨울에도 땀이 나기 시작한다. 비록 평소보다 더 힘이 들지만, 그 어느 때보다 나에게 집중하는 마야의 모습을 보면 어느새 장난감을 챙기게 된다.

지금도 친하게 지내는 길동이.

마야의 친구였던 달순이.

비가 오는 날엔

내 직업에 좋은 점이 있다면 날씨가 나쁜 날이면 집 안에만 있을 수 있다는 점이다. 하지만 개를 기르고 나선 그 장점이 사라졌다.

마야가 아기였을 때 나는 물에 대한 거부감을 없애려 사회화 교육을 시도했다. 그 덕택에 마야는 물에 젖어도 끄떡없는 아이가 되었다. 그래서 마야는 비가 와도 개의치 않고 여느 때와 다를 바 없이 나가고 싶어 한다.

하지만 비 오는 날 산책은 여간 어려운 게 아니다. 리드줄과 똥봉투를 잡고 있어야 할 손에 우산을 들어야 한다는 점부터 쉽지가 않다. 또 늘 다니던 산책로가 진흙으로 변하여 질척거리고, 자칫하면 미끄러질 수 있어 위험하다.

마야는 집 안에서 주로 머무르기 때문에 털이 더러워지는 것도 나

로서는 아예 무시할 수 없는 부분이었다. 그러나 마야는 내 불편함 따위 안중에 없었다. 비가 와도 나가고 싶어 하는데, 그럴 때마다 창밖을 한 번 바라보고 날 바라보는 식으로 눈치를 준다.

허스키는 냄새가 안 나는 견종이라고 한다. 하지만 그것은 다른 견종에 비해 냄새가 덜하다는 것이지 아예 냄새가 안 난다는 것이 아니다. 더군다나 물에 젖게 되면 냄새가 스물스물 올라오게 된다. 냄새뿐만이 아니다. 마야가 젖은 채로 방 안에 들어와서 몸을 털면 무수한 물방울들이 여기저기 튀고, 그럼 온 집 안이 물바다가 되었다.

그래서 비 오는 날에 산책을 시키는 다른 보호자들은 우비를 강아지에게 입히곤 한다. 하지만 나는 우비를 입히는 것을 망설였다. 원래 개 본연의 모습 그대로 있는 것을 좋아하기 때문에, 나는 개에게 옷을 입히는 것에 거부감을 느끼곤 했다.

그렇게 주저하고 있던 와중, 우연찮게 직접 우비를 입혀볼 수 있는 기회가 생겼다. 입히고 난 마야를 보니 고민할 것도 없었다. 생각했던 것과 달리 찰떡 같이 잘 어울렸기 때문이다. 게다가 마야도 큰 불편함 없이 잘 입어줬다. 그렇게 우비는 유일하게 입히는 옷이자, 단벌뿐이지만 가장 만족스러운 옷이 되었다. 비에 젖을까 망설이며 나가지 못했

결국 우비는 어쩔 수 없는 타협이었다.

던 우리가 우비 입고 나갈 생각에 흥분하게 되었으니 말이다.

성가셨던 날씨가 멋진 우비를 입는 날로 바뀌고, 그렇게 몇 번 산책을 해보니 의외로 비 오는 날도 괜찮았다. 비 오는 날만이 아니다. 눈이 오거나 추운 날씨면 산책로는 정말 새벽만큼 고요해진다. 사람은 물론이고 다른 개들조차 보이지 않는 산책로에서 나와 마야는 아무 근심 없이 편하게 산책할 수 있었다.

겨울에 비가 오면 눈이 아니라는 것에 못내 섭섭하기도 하지만, 서늘하고 축축한 바깥에서 돌아와 뽀송하게 집에서 쉬면 그만큼 좋은 휴식이 없다. 그전엔 알 수 없었던 행복이다.

더 귀여워지기

마야는 우비 외엔 옷이 없다. 앞서 말했듯이 나는 개가 옷을 입는 것을 선호하지 않기도 하고 필요성을 못 느끼기 때문이다. 하지만 왜인지 옷을 입히고 찍은 사진은 전부 너무도 귀여웠다. 왜 사람들이 개에게 옷을 입히는지 알 것 같았다.

마야는 옷을 입으면 평소보다 더 귀여워 보인다는 걸 아는 건지, 표정이 뭔가 잔망스러워진다. 평소의 마야는 귀엽기보단 멋있다는 인상인데, 어째서 옷만 입히면 귀여워 보이는 걸까. 나만 그런 게 아니다. SNS 반응도 무척 좋다. 어디 옷이냐는 질문도 많이 받을 정도로 사람들은 마야의 귀여운 모습을 좋아해주었다.

옷을 입으면 불편할 것 같지만 그렇지 않다. 마야는 정말 날쌔게 잘 움직인다. 눈이 녹거나 비가 와도 우비가 있으니 맘이 놓인다. 마야도 그걸 아는지 원 없이 바닥에 뒹굴고 흙을 뿌리고 땅을 파고 신나게 놀았다.

보호자가 마음이 놓인다는 것은 개가 훨씬 더 다양하게 놀도록 해 줄 수 있다는 것이다. 나도 마찬가지로 마야에게 눈을 던지고 뿌려보기도 하고 같이 뒹굴거리기도 했다. 나도 마치 어린아이처럼 마야와 어울려 평소보다 더 신나게 놀았다.

한국 같지 않은 곳

바다, 냇가, 산, 공원······. 참 여러 곳을 마야와 돌아다녔다. 나는 그 중에서도 키 큰 나무들이 우거진 곳에서 마야의 사진을 찍는 것을 좋아한다. 오래 살아 온 큰 나무에 비하면 한참 작아 보이는 마야의 모습은 동화에 나오는 멋진 늑대 같아 매료되는 느낌을 주고, 동시에 어딘가 이국적인 느낌이 들어 새로운 인상을 준다.

집에서 보여주는 바보 같은 모습은 어디로 갔지 싶을 정도다. 물론 마야는 여전히 귀엽게 산 속에 쌓인 낙엽에 발을 푹푹 담그고 놀면서 좋아하고, 리드줄이 꼬일 정도로 이 나무 저 나무 지그재그로 다니며 나무들에게 인사하고 다닌다. 하지만 사진으로 찍고 나면 어째선지 멋있다는 말밖에 나오지 않는다.

특히 키 큰 메타세콰이아 나무가 가득한 장소가 집 근처에 있다는 점이 무척 행운이었다. 우리나라에서 일반적으로 볼 수 있는 나무들도 당연히 다 아름답지만, 쭉쭉 뻗은 메타세콰이아 나무를 보고 있으

면 꼭 해외에 있는 것만 같아서 여행하는 기분이 든다. 사진을 본 사람들도 전혀 한국이라는 생각이 안 든다는 말을 해줄 때 뿌듯해진다.

가끔 해외의 크고 올곧게 뻗어 있는 나무들이 모여 있는 숲, 넓고 색이 아름다운 호수, 눈 쌓인 높은 산맥을 볼 때마다 경이롭다는 생각이 든다. 하지만 마야를 데리고 멀리 비행기를 타고 떠난다는 것이 아직은 망설여진다.

물론 마야와 해외여행을 하는 것은 내 로망이지만, 장시간 비행기를 타다 트라우마에 걸려 고생한 개를 본 적이 있는 데다가, 마야가 잘 버텨서 여행을 한다 하여도 말이 통하지 않는 곳에서 돌발 상황이 발생할 수 있다. 그렇다면 누구보다도 마야에게 버겁지 않을까 싶다.

더군다나 마야가 18kg의 성견이 되자 해외여행은 더더욱 어려울 것 같아 반쯤 포기했다. 아쉽긴 하지만 어쩔 수 없는 일이다. 그럴 때 집 근처에 있는 메타세콰이아 나무들 사이에서 사진을 찍으면 아쉬운 마음이 달래진다. 그곳은 이젠 사계절 언제 가도 외국에 온 기분을 들게 하는 나만의 힐링 장소가 되었다.

사계절 언제 가도 외국에 온 느낌.

나무들이 키가 크다 보니 햇빛이 조그맣게 들어오는 경우가 있는데,
그곳에서 사진을 찍으면 꼭 그래픽처럼 나와서 신기하다.

나무가 없는 곳이어도 풀과 햇빛이면 충분하다.

끝이 없는 모험

가족들이 몇 번 마야를 차에 태워서 여기저기 다녔더니, 마야에게 차는 '좋은 데로 가게 해주는 좋은 것'이라고 각인된 모양이었다. 차 트렁크만 열면 타려고 떼쓰기까지 한다.

그렇게 마야가 차에 익숙해지고, 여기저기 돌아다니는 것에 적응하자 국내여행을 하게 되었다. 거창한 여행을 하는 건 아니지만 차를 타고 가보지 않았던 한적한 곳을 찾아 떠나곤 한다.

우리나라에서 개가 맘껏 다닐 수 있는 곳은 적은 편이지만, 개를 기르는 사람들이라면 그 얼마 없는 곳도 어떻게 해서든 찾아간다. 나도 그렇다. 특히 눈이 오지 않아 난감하던 2019년이 특히 그랬다. 이 에세이를 쓰기로 결정한 직후였는데, 눈 구경하기 힘들었기 때문이다.

허스키하면 눈인데 어떻게 눈 없이 겨울을 그냥 보낼 수 있겠냐 싶

었다. 그리고 아직 두 살밖에 안 되던 마야에게는 눈과 함께한 사진이 그리 많지 않아 조바심이 났다. 에세이도 쓰기로 했는데 눈 사진이 없다니! 하지만 겨울이 끝나가는데 눈이 남아 있을 리 없겠지 하고 체념하던 차였다.

sns에서 나와 비슷한 고민을 갖고 있던 보호자 한 분이 눈이 있는 곳을 찾아냈다. 그 분 말로는 아직 강원도에선 눈이 가득하다는 것이다! 그렇게 나는 차를 타고 난생처음으로 강원도에 있는 산에 올라가게 되었다. 아이젠도 그때 처음으로 써보았다. 그렇게 힘겹게 올라간 곳은 바로 겨울왕국이었다.

중학생 시절, 죽어도 등산 가기 싫어했던 나는 마야와 이렇게 산에 오르게 되었다.

다른 지역은 이미 봄인데 강원도는 아직 한겨울이었다.
오랜만에 눈을 본 마야는 신이 났는지 눈 속에 얼굴을 파묻었다.
눈을 먹기도 많이 먹었다.

여름, 물놀이

계절이 지나자 점차 날이 더워졌고, 우리 가족은 달궈진 아스팔트를 피해 시원한 곳을 찾아가기로 했다. 그러자 마야 역시 자기도 가겠다며 차 안에 냉큼 올랐다.

우리 가족은 그렇게 즉흥적으로 마야를 태우고 동해로 향했다. 축 처져 잠만 자게 되던 집 안과 달리, 도착한 바다는 활기가 넘쳤다. 서핑하는 사람들과 바닷가 주변에서 해물 요리를 먹는 사람들로 가득했다. 바다에서 불어오는 시원한 바람에 마야도 기뻐 보였다.

사실 마야는 바닷가에 가도 물보단 육지 쪽에 관심이 많다. 갑자기 들이닥치는 파도에 놀라 물에 들어가는 일은 거의 없었다. 자신은 그냥 젖은 모래를 파고 싶을 뿐인데 물이 들어와 싫은 것 같다. 마른 모래 속에 종종 보이는 조개나, 난생처음 보는 물건이 나타나면 관심을 가졌다.

우리 부모님과 마야.

지인 덕택에 우리는 반려견 수영장이 딸린 펜션에 머물 수 있었다. 때마침 태풍이 다가오고 있어 비가 내린 탓에 펜션 예약이 줄줄이 취소되어 남은 손님은 우리뿐이었다.

덥고 습한 여름 날씨는 이중모인 마야가 견디기 힘들었다. 더위를 식히기 위해 마야가 먼저 알아서 수영장에 들어갔다. 차디찬 물에 몸을 던지고 나서야 기분이 좋아졌는지 웃는 얼굴을 보여주었다.

냇가에서는 곧잘 수영을 했기 때문에 당연히 수영장도 좋아할 거라 생각했는데 수영장의 물은 냇가만큼 좋아하지 않았다. 장소에 따라 수영을 좋아하지 않을 수 있다는 것도 이때 처음 알았다.

발이 닿지 않는 깊은 곳은 낯설고 무섭기도 한 모양이었고, 또 수영장 바닥이 미끄러운 타일이어서 들어가길 망설이기도 했다. 하지만 소형견 전용 수영장에서는 들어가 발장구를 쳤는데 그 모습이 무척 귀여웠다. 그곳은 바닥에 발이 닿으니 언제든지 자기가 나올 수 있다 생각했는지 여러 번 들락날락하며 놀았다. 그러다 아쉬웠는지 가끔 깊은 수영장에 들어가 수영할 때도 있었다. 이때는 본인도 뭔가 성공했다 느꼈는지 뿌듯해하며 풀밭을 이리저리 돌아다녔다.

처음이자 마지막으로 올라간 튜브.

평소 마야는 개울가에선 망설임 없이 물을 들락날락하며 근처 풀숲을 뛰놀곤 한다. 길게 자란 풀, 자갈과 모래, 쉽게 파헤쳐지는 흙, 그리고 간간이 보이는 작은 물고기들, 날아다니는 물잠자리 등 그곳엔 무엇 하나 마야를 질리게 하는 것이 없었다.

하지만 진드기가 가득한 곳에서 마야를 놀게 하기란 쉬운 일이 아니었다. 덧붙이자면 개들은 목이 마르면 가리지 않고 앞에 보이는 물을 마시는데, 개울물을 그냥 마시면 기생충 때문에 위험할 수 있다. 마야도 개울가에서 물을 마시다 여러 번 탈이 나고 말았다.

문제는 그뿐만이 아니었다. 인적이 드문 곳이 아니면 사람들 눈치를 봐야 했다. 한 번은 개울가를 점유하며 불법으로 장사하는 사람에게 개를 물에 들이지 말라는 경고까지 받은 웃긴 상황도 있었다.

개는 자연을 좋아하고, 또 원래 자연과 가까운 곳에 있어야 할 동물인데 그 자연을 사람만이 차지한다는 것이 참 아이러니한 일이다.

물만으론 마야의 에너지를 다 충족시킬 수 없다. 달리고, 입을 쓰고, 몸을 피하는 등 다양한 행동을 할 수 있게 해주는 친구들과의 만남을 빼먹을 수 없다. 여름에는 추운 겨울과 달리 친구들을 자주 볼 수 있었다. 그 만남을 통해 마야는 차분하게 바뀌어갔다. 정말 친구들과 함께 하는 것만큼 마야를 행복하게 하는 건 없었다.

개울가에서 수영하는 마야.

성큼성큼.

엄마가 다슬기를 잡으려 손을 물에 담갔다 빼고 있자 그걸 본 마야는 엄마를 따라하겠다고 코를 물에 담갔다 뺐다.

더운 여름, 몸이 흠뻑 젖어 있어도 개의치 않는다.

친해지고 싶지 않아

물론 마야도 강아지라고 해서 무조건 다 좋아하는 건 아니었다. 모든 사람이 날 좋아할 수 없고 나 또한 모든 사람을 좋아하기 힘들 듯, 개도 마찬가지였다. 많이 만나다 보면 싫어하는 친구도 생기기 마련이었다.

마야는 특이하게도 같은 견종의 블랙코트인 아이들을 대체로 싫어했다. 길 가다 서로 마주치면 원수 만난 듯이 으르렁거리기 일쑤였다. 어쩔 땐 통제가 힘들어 상대 견주는 뒤돌고, 나는 다 큰 마야를 안고서 헤어져야만 했다.

그래서 마야가 블랙코트 아이들도 참을 수 있도록 교육을 해봤다. 덕분에 같은 공간에 있는 것을 참기까지는 할 수 있게 되었다. 그래서 한번 같이 노는 것까지 해보고 싶어져 시도를 해보았다. 처음엔 잘 노는 것 같았지만, 그건 어디까지나 사람이 통제하고 있었기에 가능했던

것이었다.

 조금 방심했더니 곧바로 싸움이 일어났다. 서로 무엇이 맘에 안 들었던 건지, 아니면 둘 다 암컷이라 더 우위를 잡고자 싸운 것인지, 사실 나는 전문가가 아니기에 개들만의 자세한 내막은 모르겠지만 둘은 놀다가 급작스레 이빨을 드러내고 싸웠다. 나와 견주들은 재빨리 서로를 떼어놓았고, 말리는 새에 개들은 더 격해져 마야가 다치고 말았다. 그건 조금이라도 나아지게 하고자 욕심을 부렸던 내 책임이었다.

 마야의 얼굴에 생긴 상처를 볼 때마다 가슴이 찢어지는 듯했다. 원래 다치면서 크는 거라는 말도 상처가 사라지고 나서야 할 수 있는 말이었다. 다행스럽게도 흉터 없이 잘 아물긴 했다. 그러나 마음에 흉터가 남아버렸다. 바로 늘 더 조심해야만 한다는 깨달음이었다. 마야가 싫어하는 것을 덜 싫어하게 만드는 것 말고도, 피하는 것도 하나의 방법이 될 수 있다는 것 또한 알 수 있었다. 그리고 한 가지 더, 마야가 싫어하는 것이 무엇인지 더 관심 있게 알아볼 필요가 있었다.

좋아한다는 의미

마야는 두 살이 지나자 새로운 개를 만날 땐 평소 친구들을 대하는 것과 달리 달리 낮은 울음소리를 내고 덮치며 힘을 과시하려 하는 경향이 생겼다. 리드줄을 매고 산책하다 마주치는 개들에게 특히 그러는데, 낯선 개에게 친절한 모습은 아니라 요즘 고민이다. 그러다보니 아무래도 평소 놀던 친구가 아니면 인사하는 걸 피하게 된다. 그런데 또 이상하게도 줄에서 자유로운 반려견 운동장에선 전혀 이러지 않아서, 나에게는 또 풀어야 할 숙제가 생겼다.

그래도 평소 같이 놀거나 자주 만나는 친구에겐 상냥한 편이라, 친구들을 만날 땐 마음이 놓인다. 마야의 친구들이 많아지면서 좋아하는 친구, 싫어하는 친구를 구분 지을 수 있게 되었고 더 나아가 마야가 정말 좋아하는 친구한테는 달리 대하는 태도를 보면 흐뭇해지기도 한다.

그중에서도 길동이와의 만남이 가장 편안하다. 길동이 견주 분은 처음에 만났을 때부터 서로 가까이서 인사하는 것이 아니라, 멀리 떨어져서 서로 익숙해질 때까지 기다렸다가 후에 놀게 해주셨다. 게다가 서로 자신의 개가 옳지 못한 행동을 하면 바로 제지하여 큰 사고까지 이어진 적이 없었다. 가끔 먹을 것이나 물건을 두고 다툼이 일어난 적이 있었지만 곧바로 제지하고 차분해질 때까지 서로 기다려주었더니 개들도 기분이 풀려서 다시 놀았다.

장난감은 무조건 자기 것이라고 욕심내던 두 아이는, 이제 서로 터그놀이(장난감을 입으로 잡아당기는 놀이)를 같이 하기도 한다.

이외에도 다른 친구들과 나란히 걸어가며 산책하는 것을 연습하는 등 여러 교육을 함께했고, 그 덕분에 흥분하며 노는 것만 하는 게 아니라 차분하게 친구와 같이 걸어가는 마야로 거듭나게 되었다. 원래 마야는 다른 개와 음식을 나눠 먹지 않았는데, 지금은 길동이를 비롯한 친한 아이들은 조금 참아주게 되었다.

원래 개들은 양보라는 개념을 이해하고 행동하는 것이 매우 드물다고 한다. 음식은 생존과 직결된 것이라, 자신의 것을 남에게 나눠준다는 건 생태계에선 비합리적인 일이다. 그래서 다견가정에서도 보통 이를 염두에 두고 교육을 한다. 개가 여럿일 때는 밥을 먹을 때에는 서로 분리하여 싸우는 것을 방지해야 할 뿐만 아니라, 놀이와 애정에 대한 질투도 상당하기 때문에 조심해야 한다.

그렇다보니 마야가 다른 개를 기다리고 참으면서 양보해도 괜찮다는 것을 이해한 듯한 행동을 할 때면 무척이나 기특하다.

다른 개가 뛸 때 마야가 같이 뛴다는 것도 친하다는 증거다.
마야는 친하지 않은 아이가 뛸 때면 그저 구경만 할 뿐이다.
마야는 길동이가 어딜 가든 따라가려 한다.
길동이도 가끔 안 움직이겠다고 고집 피우다가도 마야가 움직이면 따라간다.

뒷발차기 팡팡. 배변활동을 하고나면 자신 있게 뒷발차기를 한다. 마야는 자신감이 많은 편이다.

비가 와서 사람이 없다. 한적하다.

"뭐 비 오는 날에 산책하는 것쯤이야, 어렵지 않지."

벌써 세 살

어느새 시간이 쏜살같이 지나 마야가 벌써 세 살을 맞이했다. 아직도 새끼 때가 엊그제처럼 생생하기만 한데 말이다. 개의 나이를 사람으로 쳐서 계산하면, 세 살은 많게는 40대, 적게는 20대 후반에 달한다고 한다. 어쩌면 내 또래 나이가 되었을지 모른다.

나이가 몇 살이든 내 눈엔 강아지 때와 조금도 다를 바 없다. 여전히 산책을 좋아하고 나가 놀기 좋아하며, 공을 보면 쫓아가고 방방 뛰며 풀숲에 들어가기를 좋아한다. 눈을 보면 코 파묻고, 내리는 비나 눈을 먹는 것도 좋아한다. 장난감 물고 이리저리 흔드는 모습도 여전하다. 정말 내게는 영락없는 강아지다.

물론 강아지 때와는 달라진 모습도 많다. 멋모르던 어린 시절과 달리 자라면서 사람 무는 일도 없어졌고, 리드줄을 한 번 당기는 것만으로도 내게 와주기도 하고, 내가 부르면 쳐다봐주고, 또 날 바라보며 옆에서 나란히 보조를 맞춰 걷기도 한다. 사진을 찍을 때면 카메라 쪽을 바라봐주는 기특한 경우도 늘었다. 다른 개를 보면 무조건 돌진하던 옛날과 달리 작은 강아지를 만날 땐 엎드려서 기다려주기도 한다. 이렇게 점점 성장하면서 사고 치는 일도 드물어졌다.

    시간이 나면 하나둘씩 재주를 가르치다 보니 어느새 할 수 있는 게 많아지기도 했다.
    많이 의젓해진 마야의 모습에 뿌듯한 건 나뿐만이 아니었다. 지인들도 마찬가지로 뿌듯해하며 자기 주변 사람들에게 알리기까지 했다. 내 SNS를 통해 마야를 보던 사람들도 마찬가지였다. 간간이 마야의 소식을 올리면 같이 기뻐해주고 같이 슬퍼해주었다.

집에서 얌전히 잘 때가 제일 천사 같다.

이제는 산책 가고 싶으면 하네스나 리드줄을 갖고 온다.

세 살이 된 마야는 이제 스스로 원반을 던질 줄 안다(물론 농담이다).

마야는 목욕 당하고 나서 토끼 인형을 사정없이 물고 흔들어댔다.
예고 없이 목욕한 것에 화가 난 걸까?

다 안다고 생각했는데

두 살이 되어 마야는 중성화를 하게 되었다. 그러자 그전에는 볼 수 없었던 모습들이 나타나기 시작했다.

앞서도 말했듯이, 원래 마야는 사료의 정량에서 반만큼만 주어도 다 먹을까 말까 할 만큼 입이 짧은 아이였다. 그래서 식탐이 넘쳐나고 사료를 가리지 않는 다른 개들의 모습을 보면 부러울 정도였다. 그래서일까, 수의사 선생님께서 중성화를 하고 나면 식욕이 늘어나니 체중이 늘어나는 것을 조심하라고 신신당부하는 말씀을 믿지 못했다. 그 당시 마야는 적게 먹는데도 불구하고 몸매를 딱 정상으로, 가장 좋은 상태를 유지하고 있었는데, 의사 선생님은 중성화 이후엔 유지하기 힘들 것이라며 크게 염려하셨다. 하지만 평소 마야가 사료 먹기 싫다고 "퉤" 하고 멀리 내뱉는 모습만 봤던지라 나는 선생님이 괜한 걱정을 하신다고 생각했다.

하지만 정말 놀랍게도 마야는 중성화를 하고 나자 사료를 정말 빠른 속도로 다 먹어치우기 시작했다. 한 번은 식욕이 너무 왕성해진 탓에 바닥에 놓여 있는 사료 봉지를 스스로 열어서 배가 남산만 해질 만큼 먹어버린 웃기고 슬픈 사건도 있었다. 중성화하고 불과 일주일밖에 안 되었을 때였다. 미련하게 배가 터지도록 먹고 나중에 토할 만큼 식욕이 왕성해진 마야를 보며, 나는 그제야 수의사 선생님의 우려가 맞았다는 것을 깨닫게 되었다.

식욕이 늘어나 이로운 점도 있었다. 비록 내가 하나하나 체중과 식사량을 조절하며 관리해야 하지만, 간식을 향한 욕구가 강해진 덕에 교육에는 예전보다 더 쉽게 집중한다.

"간식을 먹으려면 교육을 받아야 한다니, 그냥 안 먹고 말지" 라고 말하는 듯하던 마야의 태도는 크게 바뀌었다. 요즘엔 "간식을 먹기 위해선 뭐든지 하겠어!"가 되었다.

마야의 변모가 오직 중성화 때문만은 아니었다. 예전부터 마야는 상대에 따라 시시각각 다른 모습을 보여주곤 했다. 예를 들어 '루피'라는 친구와 만날 때면 마야는 평소 친구들과 하던 것과는 다르게 행동한다. 다른 강아지 앞에선 힘을 과시하고 거칠게 앞발로 아웅다웅한

다면, 루피에게는 몸을 비비적거리며 잔망떨기도 하고 목소리는 평소와 달리 높고 옹알거리는 소리를 낸다. 루피 또한 다른 애들이 거칠게 굴면 단호하게 대하는데, 마야에게는 거칠게 굴어도 다 받아주는 느낌이 들었다. 내 생각에 루피는 마야의 남자 친구인 게 아닐까 싶다.

내가 마야에 대해 모르는 게 또 얼마나 더 있을까. 나중에 시간이 지나고 나서 내가 무지해서 마야에게 잘못을 저지른 게 있다는 사실을 깨닫게 되진 않을까. 흔히들 개는 단순하다고 생각하지만, 사실은 정말 복잡한 동물이니까.

자기 덩치보다 작은 친구들에겐 몸 전체를 쓰며 놀지 않는다.

sns에서 누군가
마야의 사진을 보고
"마야는 정말 홀리한
강아지야"라고 해줬다.

너로 인해

흔히 개를 기르는 사람의 인생은 개를 기르기 전과 후로 나뉜다고들 한다. 그만큼 개는 많은 변화를 가져다준다. 그전까지 정체되어 있던 나의 삶에 개는 많은 움직임을 가져다주었다. 사진 속에 있는 피사체만이 바뀐 것이 아니라 나의 일상, 나의 모든 것이 바뀌기 시작했다.

내 하루 일과 중 가끔 개 돌보기가 있는 그런 정도가 아니다. 조금 과하다 싶을 정도로 개가 차지하는 부분이 크다.

변하는 건 사람뿐만이 아니다. 개들도 보호자에 맞춰 변한다. 성격과 컨디션, 하루 일과 등을 사람에게 맞춰간다.

한 번은 내 물건들을 보고 있는데 왜인지 마야의 물건과 비슷한 것 같았다. 비 오는 날 마야를 찍다 카메라를 심하게 떨어트린 적이 있다. 그때 처참하게 고장 났던 내 카메라처럼, 내가 가진 모든 것들은 모두

흠이 있고 깨끗한 것이 없다는 것이 새삼 느껴졌다. 조심성 없고 거침없는 건 나의 특징이었다.

　마야도 마찬가지였다. 마야의 다소 거칠게 노는 경향은 나에게서 비롯된 게 확실했다. 장난감은 갖고 놀다 망가뜨리기 일쑤이고, 또 상황을 통제하려 들고 강압적인 태도를 보일 때도 있다. 불만이 있으면 꿍얼거리는 것조차 나와 비슷하다.

　비록 마야가 내 행동과 성격을 닮긴 했지만, 그렇다고 나 혼자서만 키운 것은 아니다. 자주 놀러 오는 친구들과 더불어 가족들도 함께 길렀다. 아무리 완벽한 사람일지라도 주변의 도움 없이는 반려견의 비상사태를 다 대비하기 힘들다. 그래서 동물을 오로지 혼자서만 기르는 것은 지양해야 한다고 생각한다. 그래서 나는 개를 데려오기 전 주변 지인들의 허락을 많이 구했다.

　이제는 사람들이 나에게 안부를 물을 땐 마야의 안부도 묻기 시작한다. 그만큼 모두에게 사랑받을 수 있도록 교육에 힘써왔다. 물론 나와 내 반려견을 응원해주는 좋은 사람들이 곁에 있었기에 가능했던 것이라 생각한다.

물론 개와 지내다 보면 늘 기쁜 일만 있는 것은 아니었다. 그동안 나 때문에 사고가 생긴 적도 있었지만, 지나가는 사람들로 인해 기분 상한 일도 많았다. 단순히 개를 기르지 않는 사람들에게 이해받지 못해서 일어난 문제가 아니었다. 같은 견주라 해서 늘 서로 이해해주는 게 아니기 때문이다. 똑같이 개를 기르는 사람들임에도 견해차가 있었다. 어떨 땐 개를 기르지 않는 사람들보다 더 심한 격차를 느끼는 경우도 있었다. 대형견은 국내에선 잘 기르지 않기 때문일까. 마야는 견종과 크기에 대한 차별을 늘 겪어야만 했다.

"이 큰 개를 집 안에서 기른다고?"
"짐승은 짐승답게 키워야 해."
"개가 아니라 아이를 키워야 좋을 텐데. 애는 언제 낳으려고?"
"대형견은 무조건 입마개 해야지."

  대형견을 기르다 보면 한 번씩 듣게 되는 말인 것 같다. 그나마 내가 사는 곳은 동물에게 호의적인 분들이 많아 다른 지역에 비하면 덜 듣는 편이다. 그래도 어쩌다 한번씩 들을 때면 화가 나는 건 어쩔 수 없다. 내 눈엔 마야가 귀여운 아이지만 남의 눈엔 짐승일 뿐이라는 것은 알고 있다. 동물을 기르지 않는 사람들의 입장에서는 할 수도 있는 말이라는 건 알지만, 그렇다고 곱게 받아들이긴 힘들었다.

물론 사람들의 시선을 일일이 신경 쓸 필요는 없다. 하나하나 반박한다고 듣기 싫은 소리를 안 듣는 것도 아니고 또 화만 낼 수도 없다. 적어도 트러블 없이 사회생활을 하려면 몇 가지는 인정하고 타협하거나 서로 이해해야 했다.

사실 그런 편협한 시선에 분노한 적도 많다. 그러나 그렇게 상대에게 화를 내고 나면 늘 기분이 좋지 않았다. 지금은 조금 다르다. 내가 그 사람들을 다 이해할 수 없는 노릇이니 그저 같은 처지를 겪는 사람들이나 주변 사람들에게 해프닝이 있었다는 듯 말하고 가볍게 털어내는 것이 가능해졌다. 이건 아직은 마야를 좋게 봐주는 사람들이 많아서 가능한 건지도 모르겠다.

조그마하던 저 강아지 때의 모습은 어디 간 건지.
마야가 어릴 때 사진과 지금 사진을 놓고 보면 차이가 어마어마하다는 걸 알 수 있다.
신기한 마음에 계속 보게 된다.

20대 초반부터 써온 저렴한 dslr을 들고 여기저기 사진을 찍던 내 취미는 이제 마야를 오래 기억
하기 위한 좋은 취미가 되었다.

기억을 남기는 방법

내가 마야를 키우면서 한동안 장롱에 처박혀 있던 카메라를 꺼낸 것에는 많은 이유가 있다.

우선 강아지가 활동적으로 노는 모습을 보는 것만으로도 사람은 활력을 느낄 수 있다. 물론 그 모습을 눈으로 보는 것만으로 만족할 수도 있지만, 슬프게도 우리는 망각하는 동물이다. 시간이 지나면 자연스레 잊기 마련이다. 머릿속에 희미하게 남아서 나중에는 잊어버리게 된다. 그러다가 사진을 보면 기억이 떠오르게 되고, 그제야 비로소 "사진 찍는 게 남는 것이다"라는 말이 나온다. 뒤늦게 그 사실을 깨달은 사람들이 해준 조언이 내게 카메라를 들게 했다. 그리고 정말로 사진은 내게 기억으로 남아줬다.

이건 개한테만 해당되는 이야기가 아니다. 사진을 시작하려는 분들에게 강조하고 싶은 것인데, 사진은 기억하고 싶은 나날들이 많았다는

걸 상기시켜준다. 다행히 지금은 가벼워진 미러리스 카메라와 스마트폰 덕분에 쉽게 사진을 찍을 수 있게 되었다. 비록 잘 나온 사진이 아니더라도 그때를 떠올리게 하는 데에는 충분하다. 힘들었던 기억도 사진 속에선 아름다운 추억처럼 떠오르기도 하고, 또 좋았던 기억은 고단한 현재를 잊게 해준다.

  꼭 좋은 카메라일 필요 없다. 우리는 소중했던 아이들을 떠올리기 위한 수단으로 사진을 찍는 것뿐이다.
  또한 내 머릿속에 기억이 남아 있다 하더라도 다른 사람은 알 수 없는 것이다. 사진은 내가 아닌 남에게 보여주기 위한 것도 있다. 내가 지금껏 마야의 사진을 찍으면서 단순히 기록하는 데 그치지 않고 인터넷에 공개한 것도 그런 이유다.

  "사람이 아닌 개가 왜, 어떻게 가족이 되었는가."

  사진과 영상이면 복잡할 것 없이 이 모든 게 설명되기 때문이다.
  마야는 내 눈에는 한없이 예쁘고 사랑스럽기만 한 아이지만, 누군가에겐 짐승에 불과하고 두려운 존재일 수 있다. 나는 그래서 다른 누군가가 마야의 사랑스러운 점을 알아주길 바랐고, 그런 사람들이 늘어났으면 했다.

내 사진 실력은 처음엔 마야를 담기엔 턱없이 부족했다.

정신없이 움직이는 피사체를 찍는다는 건 아마추어가 얄팍하게 발을 담근 정도의 실력으로는 힘들었다. 좀 더 깊게 파고들고 싶다고 마음을 먹어도 실천하는 것은 어렵고 만만치 않다. 그런데 강아지들은 그렇게 망설일 시간도 주지 않았다. 반나절 만에도 쑥쑥 커버리는 게 바로 강아지니까.

무거운 카메라를 들고 다니면서 대형견을 산책시키는 것도 결코 쉬운 일이 아니었다. 그러나 고생한 만큼 사진도 잘 나왔고 그게 바로 나에게는 보상이었다. 좋은 사진을 얻고 싶다는 마음이 더욱더 산책에 신경을 쓸 수 있게 해주었다.

물론 아무리 노력하고 부지런을 떨어도 슬럼프는 온다. 나는 그림 쪽 일을 하고 있으니 슬럼프가 온 것은 전혀 놀랍지 않았다. 도리어 반가울 정도였다. 슬럼프란 작품을 바라보는 눈이 손보다 먼저 향상되어 겪는 상태이기 때문이다. 바꿔 말하자면 더 발전할 기회를 얻은 셈이다.

조금 더 잘 찍어보려 카메라를 직접 드는 시간을 늘리는 것도 좋지만, 전문가들의 사진을 보며 사진 테크닉을 연구하거나 영상강의를 보며 이론을 다지는 것도 한 방법이었다(물론 이론대로 하려고 해도 예측 불가능한 동물을 찍기 때문에 아마추어로서는 지키기 어려울 때가 많다).

이러한 노력에도 마치 가로막힌 듯한 막막함을 느낄 때가 있다. 그럴 땐 신형 장비가 해결해주기도 한다. 자괴감이 들기도 하지만, 동시에 내 실력의 문제가 아니었음에 안도감이 든다. 장인은 장비 탓을 하지 않는다는 말을 하지만, 그래도 장비의 도움을 받는 게 나쁜 건 아니다. 빠르게 발전하는 기술에 사진이 더 잘나온다면 반려견과의 추억이 더 선명하고 아름답게 보존될 수 있는 셈이다.

발 빠르게 움직이는 동물들을 찍는 것을 어려워한 사람이 나뿐만이 아니었는지, 이제는 눈 인식 기능이 동물에게도 적용되어 자동으로 선명하게 눈에 초점을 맞출 수 있게 되었다.

뿐만 아니라 요즘에는 포토샵, 라이트룸 같은 사진 보정 프로그램의 기술이 좋아져 더 쉽고 빠르게 사진을 보정하고 공유할 수 있게 되었다. 마야는 자세히 볼수록 더욱더 사랑스러운 아이고, 이건 나만 알고 있기 힘들다. 그래서 나는 요즘 기술 발전의 혜택을 한껏 활용하고 있다.

글을 마치며

　마야를 처음 데려왔을 때는 여자가 작은 개나 기르지 대형견을 기르면 어떡하냐는 말을 많이 들었다. 그러나 그 이야기가 무색할 만큼 마야는 잘 자라주었다. 한없이 나약하고 아슬아슬했던 나에게 버팀목이 되어주며 마야도 당당한 우리 가족의 일원이 되었다. 그간 내가 마야로부터 사랑을 받고, 또 내가 마야를 사랑함으로 인해 많은 발전이 있었다. 정말 누군가의 말처럼 개를 기른다는 것은 새로운 눈을 뜨는 것과 같다. 매일매일이 놀라움과 새로움의 연속이다. 또한 끝없이 다른 사람의 애정을 갈구하던 나에게 충만한 사랑을 느끼게 해줬다. 나를 사랑해주는 사람들이 마야도 함께 사랑해주는 것은 물론, 마야를 좋아하면서 날 좋아해주는 사람도 생겨났다.

　시간이 흘러갈수록 마야와 함께한 나의 20대는 소중한 사람들을 많이 알게 된, 가장 행복한 나날이었다는 생각이 든다. 그러나 큰 행복은 그만큼 나중에 큰 슬픔으로 다가온다. 나보다 먼저 갈 마야와의 이

별이 얼마나 많이 슬퍼질지, 그런 날이 오면 어떻게 해야 할지. 어찌 보면 너무 앞서 걱정하는 거라 생각할 수도 있지만, 마야는 벌써 세 살이 넘었고 내 20대는 끝나버렸다.

시간은 너무도 빨리 흐르고 그 무엇 하나 기다려주는 것이 없다. 게다가 이젠 개가 없을 땐 어찌해야 할지 모르겠다. 개를 기르고 나면 개가 없던 때로 못 돌아간다는 말은 정말이었다. 또한 내 세상이 변했듯, 내가 들인 이 작은 생명의 세상도 달라졌다. 이를 생각해보면 반려견을 키우는 것이란 또 다른 시작을 불러 오게 되는, 정말 의미가 많은 일이다.

종종 마야를 먼저 떠나보낼 생각을 하면 슬프지만, 세상에 마야라는 강아지가 있었다는 걸 기억하는 것은 나의 몫이다. 그래야 마야의 존재도 세상에 오래 남아 있게 되지 않을까?

마야를 데려올 때 시베리안 허스키에 관한 외국 서적을 찾다 본 글이 기억에 남는다.

"개를 길렀던 사람은 나중에 사람이 죽을 때 기르던 개가 천국으로 인도한다."

이 책을 읽은 사람들도 반려견이 나이가 들고 죽음을 맞이한다 해도 그게 끝이 아니라 생각하길 바라며, 모두가 남은 나날들을 행복하게 보냈으면 한다.

나는 개를 선택하던 그 순간으로 다시 돌아간다 해도 마야를 데려왔을 거라고 생각한다. 마야가 내게 얼마나 큰 존재였는지를 기록하며, 다른 보호자들도 나와 같은 마음으로 조금이나마 공감과 위안을 얻었길 바란다.

나를 비롯한 모두가 사랑하는 반려견과 사랑하는 사람의 모습을 많이 간직하길 바라며.

ZZING

시베리안 허스키와 365일
마야와 계절 산책

1판 1쇄 인쇄 2020년 12월 17일
1판 1쇄 발행 2020년 12월 24일

지은이 ZZING

펴낸이 유재옥
본부장 조병권
책임편집 김다솜
디자인 형태와내용사이
마케팅 한민지
물류 허석용 백철기
제작 코리아피앤피

펴낸곳 올라Hola
출판등록 제2015-000008호
주소 서울시 마포구 토정로 222번지, 403호(신수동, 한국출판콘텐츠센터)
이메일 hola_book@naver.com
전화 편집부 (070)4164-3960, 4245-5505 **기획실** (02)567-3388
　　　판매 및 마케팅 (070)4165-6888, Fax (02)322-7665

ISBN 979-11-6507-985-7 (03810)

ⓒ ZZING, 2020

이 책은 저작권법에 따라 보호받는 저작물이므로 무단전재와 무단복제를 금합니다.
이 책 내용의 전부 또는 일부를 사용하려면 반드시 저작권자와 출판사에 동의를 받아야 합니다.

• 올라Hola는 ㈜소미미디어의 출판 브랜드입니다.